本当に
おいしく
作れる

きちんと定番 COOKING

人気シェフの肉料理

日本人の食卓に肉料理が定着してから約50年。
肉を食べる習慣のなかった私たちにも、
肉料理がたくさん紹介され、定番化されてきました。
肉を食べ始めてから、寿命が延びたともいわれています。
今ではご飯に合う日本の肉料理はもちろん、フレンチやイタリアン、
中国料理までさまざまな肉料理を家庭で楽しむようになりました。
本書ではおなじみの肉料理、あこがれ肉料理を、
家庭でおいしく作れるように
和食・洋食・中国料理のプロフェッショナルがやさしく手ほどきいたします。
きちんと作ると、きちんとおいしい。
そう実感できるレシピが揃っています。

和食● 野崎洋光

調理法を
見直してみると、
新しいおいしさに
出会えます。

のざき・ひろみつ●１９５３年福島県生まれ。「分とく山」「分とく山　飯倉片町」など5店舗を総料理長として統括。プロの味、店の味を追求する傍ら、「家庭でもっと和の料理を」と、家庭向きのシンプルで合理的な調理法を紹介する。どうしてそうするのかを、徹底的に解説する教え方に定評があり、メディアでも人気が高い。本書では今まで常識とされてきた肉料理の調理法を覆す、低温調理をわかりやすく紹介。

洋食● 七條清孝

肉は焼くのではなく、
温めるイメージです。

しちじょう・きよたか●１９６１年東京都生まれ。父が始めた「レストラン七條」を継ぎ、四ツ谷のフレンチ「北島亭」で料理を学びながら、神保町の隠れた名店といわしめる。２０１３年3月に移転し、内神田に新店舗を開店した。素材の旨みをしっかり引き出した大人の洋食は飽きのこない味。本書では定番肉料理から豚肉加工品「シャルキュトリー」まで幅広いレシピを紹介。材料や作り方を見直し、家庭で店の味が再現できるようていねいに試作を重ねてくれた。

中国料理● 脇屋友詞

きちんと
下準備した肉は
絶対おいしく
なるんですよ。

わきや・ゆうじ●１９５８年北海道生まれ。赤坂「山王飯店」をはじめ有名ホテルを経て、「トゥーランドット游仙境」総料理長に。現在赤坂、横浜などの計4店舗のオーナーシェフ。「伝統と創作」をモットーに上海料理をベースとした洗練された中国料理で、日本に次々と新しい中国料理の風を巻き起こす。テレビ、雑誌などで紹介するレシピは、作りやすくおいしいだけでなく、盛りつけのアイデアにも定評があり、料理教室の人気も高い。

和

和食● 野崎さん

流通が発達し、鮮度のいい肉が家庭でも簡単に手に入るようになった今、
昔ながらの調理法の意味が薄れてきました。
肉の表面の雑菌だけを取り除き、低温でゆっくり火を入れると
柔らかくジューシーに仕上がります。また肉の旨みを引き出せば、
昆布とかつお節のだしはあえて必要ありません。
というように、今回ご紹介する肉の料理は、
雑味をきちんと取り除き、すっきりと仕上げたものばかり。
すーっと体にしみわたるような、飽きのこない味を目指しました。
作りたてを食べることができる、家庭ならではのレシピでもあります。
和食だからこその、おなじみの人気料理が並んでいますが、
調理法は肉がいちばんおいしいと思う作り方に、ぐんと進化しています。
固定観念を取り払って、新たなおいしさにぜひ出会ってください。

洋

洋食● 七條さん

洋食というと、懐かしい味の印象が強いのですが、
最近のフレンチの手法を少し取り入れると、
肉のおいしさをもっと引き出すことができます。
たとえば、肉は強火で焼くと思われがちですが、
ゆっくり温めるつもりで扱うと、うまく火が入れられます。

肉が急激に焼き縮むのは肉汁が流出しているということ。
ジューシーに仕上げるには、水分を保つことが鍵となります。
それをイメージして作ってみてください。また洋食というと、
バターや生クリームを多用した、こってりした味つけが
想像されがちですが、必ずしもそうではありません。
肉や野菜にはしっかり旨みがあり、それを引き出せば、
新たにコクを足さないほうが、料理のキレがよくなります。
肉の水分を保ちながら旨みを引き出す。それにつきます。

中国料理● 脇屋さん

中国料理は下準備が命です。これはもちろん肉にもいえます。
かたまり肉なら、じっくりと下ゆでして柔らかくする。
細切りや角切りの肉は、ていねいに調味料をもみ込む「漿《チャン》」をし、
ふっくらと旨みを蓄えた肉を使うなど、おいしくするための下準備が欠かせません。
中国料理以外ではあまりなじみのない「油通し」や「蒸す」もその一端。
油を大量に吸収しそうだから、手間だからと敬遠せず、
ぜひ、レシピ通りに作ってみてください。本格味に近づけますよ。
そして準備といえば、料理をスタートする前に、
計量した調味料を並べておいて、スムーズに加えるということも、
中国料理では大事なこと。ひとつひとつステップを踏み、
最後はスピーディに！　それが肉のおいしさを最大限に引き出します。

本当においしく作れる 人気シェフの肉料理

目次

PART 1 豚肉の料理

PART 2 牛肉の料理

PART 3 鶏肉の料理

水島弘史シェフの実験教室
肉は科学の力でおいしくなる

PART4 ひき肉の料理

焼く・炒める

●教えて！ 脇屋さん

煮る・蒸す

揚げる

●教えて！ 七條さん

●教えて！ 脇屋さん

この本の使い方

きちんとおいしく作るために、本書レシピの使いこなし方をご紹介します。

作り方について

●黄色くマーキングした部分は、作り方の注目ポイントです。ここを見逃さずきちんと調理すると、料理の成功に近づきます。

●鍋やこんろにはそれぞれクセがあります。火力や加熱時間は、状態を見ながら加減してください。

材料表について

●1カップは200mℓ、大さじ1は15mℓ、小さじ1は5mℓです。

●一般的でない調味料は巻末で解説し、材料表には（→P.146）など参照ページを示しました。必要に応じて確認してください。

●こしょうは特別な記述がない場合、白こしょうを指します。黒こしょうを使う場合は明記してあります。

●生クリームは脂肪分35%前後のものを使用しています。

●代用可能な食材があるものや、調理前に下準備が必要なものは補足してあります。よく読んでから始めましょう。

●バターは、食塩使用タイプを使っています。食塩不使用のものを使う場合は、材料表に明記してあります。

●ブイヨンや鶏がらスープは塩分のないものを使用しています。市販のものを使用する場合は、塩分のないものを選ぶか、あるものを選ぶ場合は、塩の分量を調整してください。顆粒は規定の湯で溶いたものを使用し、溶かずに使う場合は（顆粒）と明記しています。ブイヨンはP.146に写真入りで紹介しています。

和 洋 中

このマークは和・洋・中のシェフからの直伝メッセージです。調理の意味やぜひ知ってほしい大切なことなどを解説しています。より踏み込んだ料理のポイントを知って、お料理上手になりましょう。

料理の盛りつけ

●でき上がり写真は盛りつけ例です。材料表の分量と異なることがあります。

●温かい料理を盛りつける前には、器も温めておきましょう。

豚肉の料理

肉の中でも最も多くのビタミンB_1を含み、
良質なたんぱく質とアミノ酸の宝庫である豚肉。
豚しゃぶのようにさっぱりしたものから、
黒酢の酢豚のような濃厚なものまで、
調理法によって変幻自在です。定番おかずを中心に、
おもてなしにも重宝するフランス伝統の
豚の加工食品、シャルキュトリーもご紹介します。

PART 1

●薄切り肉・厚切り肉

豚肉のしょうが焼き

誰もが知っている国民的人気のおかずですが、ここで紹介する焼き方には秘伝の野崎流マジックがいっぱい。自慢の一皿になること間違いなし！

材料（2人分）

豚ロース薄切り肉		240g（4枚）
Ⓐ	しょうゆ	大さじ3
	酒	大さじ3
	みりん	大さじ3
しょうが（すりおろす）※1		大さじ$\frac{1}{2}$
サラダ油		小さじ2
付け合わせ※2		
	トマト（くし形に切る）	4切れ
	大根	30g
	きゅうり	20g
	にんじん	10g

※1　加える直前にすりおろす。
※2　大根、きゅうり、にんじんは短冊切りにし、水にさらしてパリッとさせ、ざるに上げて水気をきる。

和　野崎さんから

「焼きすぎて肉が堅くなってしまった」ことはありませんか。ほどよい歯ごたえに仕上げるには、肉が急に焼き縮んでしまうのを避けることが大切。フライパンを火にかける前に肉を広げましょう。そのとき、水気はしっかりきっておくこと。また途中でいったん肉を取り出して、加熱しすぎないこともポイントです。たれがちょうどよく煮詰まったら、しょうがとともに再度肉を戻し入れて、強火でからめます。

1

ボウルにⒶを混ぜて豚ロース薄切り肉を入れ、5分おく。

2

バットにざるをのせ、1を広げて汁気をしっかりきる。きった汁気と漬け汁はとっておく。

3

フライパンにサラダ油を入れて2の豚肉を広げ、中火にかける。両面の色が変わったら取り出す。焼き色はつけない。

4

2の漬け汁を3のフライパンに入れて煮詰め、しょうがを加えてさっとからませる。

5

肉をフライパンに戻し入れて強火で40秒ほど焼き、しょうがの風味をからめる。堅くなる前に手早く引き上げ、付け合わせとともに、器に盛る。

　右ページ　茶碗／宙（木曽志真雄）　皿／宙（荒賀文成）

ポークソテー

旨みを含んだ脂身をじっくり焼いて溶かし、その脂で焼き上げました。
シンプルですが、豚肉のおいしさがダイレクトに伝わる一皿。
きのこクリームソースとの相性も抜群です。

材料（1人分）

豚ロース厚切り肉……………………150g（1枚）
塩………………………………………ひとつまみ
こしょう……………………………………………適量
きのこクリームソース（左）………………半量
サラダ油…………………………………小さじ1
付け合わせ：
　じゃがいものピュレ（→P.72）・
　ほうれん草のボイル※…………………各適量

※P.71のボイルを参照して作る。

1
豚ロース厚切り肉は、焼き縮んで反り返るのを防ぐため、筋を切る。写真の印を参考に、3か所に切り込みを入れる。この面が盛りつける際の表になる。

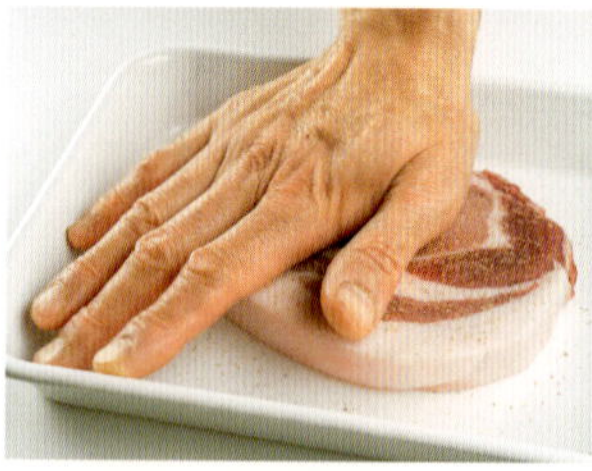

2
両面に塩、こしょうをふって、手でしっかり押さえつけ、室温で10分おく。

3
肉からにじみ出た水分をペーパータオルで拭く。

4
フライパンにサラダ油を熱し、肉を立てて脂身のみを弱めの中火で約4分焼く。脂が出たら、表になる面を下にし、ときどきゆすりながら中火で3〜4分焼く。

5
裏返して溶け出た脂をかけながら3〜4分焼く。付け合わせとともに器に盛り、きのこクリームソースをかける。

洋 七條さんから

肉は急に焼き縮んで堅くならないように、赤身の柔らかい部位を選びましょう。ロースのなかでも、肩ロースに近い部位が柔らかく適度に脂肪があり、ソテーに向いています。焼き方のポイントは、縁の脂身から焼き始めること。旨みを含んでいる脂をじっくり焼いて溶かし、その脂で焼くと、肉全体が旨みで覆われた状態になりますよ。

きのこクリームソース

数種のきのこを合わせて、豊かな風味を楽しみます。最後にレモン汁を入れてクリーミーななかにも、キレのある味に。豚ヒレ肉や鶏肉、魚など淡泊なものによく合います。

材料（2人分）

マッシュルーム（小）…… 10個
しいたけ………………………1個
エリンギ………………………1本
ポルチーニ茸（乾燥。→P.148）
　………………2g（2〜3枚）
バター………………大さじ$2\frac{1}{2}$
塩……………………………小さじ$\frac{1}{3}$
薄力粉……………ひとつまみ
生クリーム…………大さじ3
レモンの絞り汁………$\frac{1}{8}$個分

作り方

❶ポルチーニ茸はひたひたの水でもどし、薄切りにする。もどし汁はとっておく。
❷しいたけは軸を落として薄切りに、エリンギは斜め薄切りにする。

❸厚手の小鍋にバターとマッシュルーム、❷、塩を入れて弱火にかけ、バターをからませる。

❹きのこ類の香りが立ったら、薄力粉をぱらぱらとふり入れ、炒め合わせる。
❺❶をもどし汁ごと加え、ひと混ぜして生クリームを加える。混ざったらすぐ火を止め、レモンの絞り汁を加えて混ぜる。

カトラリー／Verre（ヴェール）　布／トミタテキスタイル

とんかつ

自家製パン粉に、オリジナルのソース。
かつをふわっとサクサクに揚げれば、ひと手間かけた
甲斐ありのご馳走とんかつのでき上がり！

材料（2人分）

豚ロース厚切り肉……………200g（2枚）
自家製パン粉※1
　食パン（6枚切り。耳を除く）………3枚
薄力粉……………………………………大さじ2
とき卵……………………………………1個分
塩・粗びき黒こしょう………………各適量
揚げ油……………………………………適量
揚げものソース（下）…………………適量
付け合わせ※2
　キャベツ………………………………4枚
　レモン（1cm厚さの輪切り）…………1枚

※1　粗くちぎってざるにのせて乾かす。少し湿り気が残るくらいになったら1cm大にちぎる。
※2　キャベツはせん切りにし、水にさらしてパリッとさせて水気をきる。レモンは皮をむいて半分に切る。

和　野崎さんから

外はカリッと中はジューシーに揚げるには、短時間で二度揚げしましょう。揚げ温度は170℃。衣を落とすと1秒で浮いてくるのが目安です。初めの揚げ時間はたった2分ですが、休ませている間に余熱で火が通るので、2度目は揚げ色がつく程度でOK。自家製パン粉は粗さが持ち味なので、しっかりつけて、サクサク感を目指しましょう。

1

豚ロース厚切り肉は両面に塩、粗びき黒こしょうをふって筋を切る。赤身と脂身の境目と脂身に、刃先を垂直にして、約10か所切り込みを入れる。

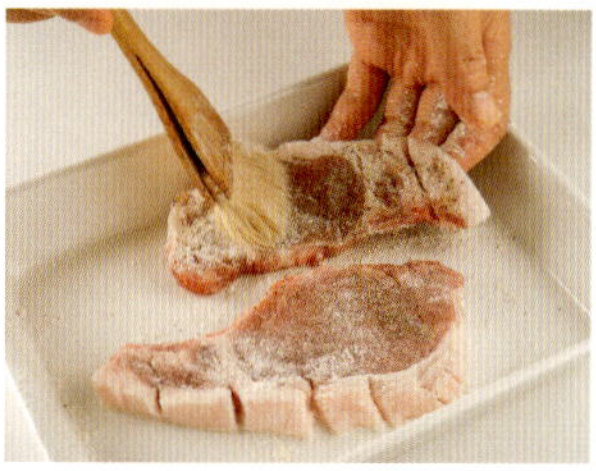

2

刷毛で薄力粉をはたくようにして薄くつける。余分な粉は落とす。

3

とき卵にくぐらせる。竹串を使うとまんべんなく卵がつき、パン粉への移動もしやすい。

4

バットに自家製パン粉を入れ**3**をのせる。上からもパン粉をかけ、両手で押しつけるようにして、しっかりとまんべんなくつける。

5

揚げ油を170℃に熱し、竹串を使って**4**をそっと入れる。途中で返して2分で引き上げ、揚げ網の上で2分休ませる。

6

5を170℃の油にもう一度入れ、1分で引き上げる。食べやすく切り、付け合わせとともに器に盛る。揚げものソースを添える。

揚げものソース

作り方

❶フライパンにバターを入れて溶かし、玉ねぎを薄茶色に色づくまで炒め、薄力粉をふり入れる。全体になじんだら、牛乳を少しずつ入れて混ぜる。

❷フードプロセッサーで撹拌してペースト状にする。フライパンに戻し入れ、ウスターソースとケチャップを入れてなじむように混ぜ、温める。

玉ねぎの甘みとバターのコクが生きた、まろやかでいて、パンチのあるソースです。自家製のサクサクパン粉と相性がよいので、揚げものにぴったり。保存は冷蔵庫で1か月。

材料（でき上がり約1カップ分）

玉ねぎ（みじん切り）…100g
バター…………………大さじ2
薄力粉………………大さじ$1\frac{1}{3}$
牛乳…………………大さじ4
ウスターソース…大さじ$3\frac{1}{3}$
ケチャップ…………大さじ$3\frac{1}{3}$

器2点とも／宙（荒賀文成）

黒酢の酢豚

かたまり肉でなく、薄切りのばら肉を丸めて作る、脇屋流「ミルフィーユ酢豚」。層になった肉を噛んだときのジューシーさはたまりません。生野菜と合わせてメリハリを楽しみます。

材料（3～4人分）

- 豚ばら薄切り肉……240g
- 塩・こしょう……各適量
- 玉ねぎ（大）……1個
- パプリカ（赤・黄）……各1/6個
- Ⓐ
  - とき卵……1個分
  - 水……大さじ2
  - 片栗粉……大さじ4
  - 薄力粉……大さじ4
- Ⓑ
  - 砂糖……大さじ8
  - ケチャップ……大さじ6
  - 中国黒酢（→P.147）……大さじ4
  - 酢……大さじ2
  - しょうゆ……大さじ1 1/3
  - 水……大さじ2
- 水溶き片栗粉（水1：粉1）……大さじ2
- 揚げ油……適量

中 脇屋さんから

一般に酢豚はかたまり肉を使いますが、火を通しすぎると肉汁が出て堅くなりがちなので、失敗しにくい薄切り肉を使いました。コツは二度揚げ。初めは低温で中までゆっくり火を通し、2度目は高温でサッと揚げると、まわりはカリッ、中はジューシーに。冷めても柔らかいので、お弁当にも向きますよ。

1

玉ねぎとパプリカは薄切りにして水にさらし、水気をしっかりきる。Ⓐのとき卵と水を混ぜたあと、粉類を混ぜて、衣を作る。別のボウルにⒷを合わせて混ぜる。

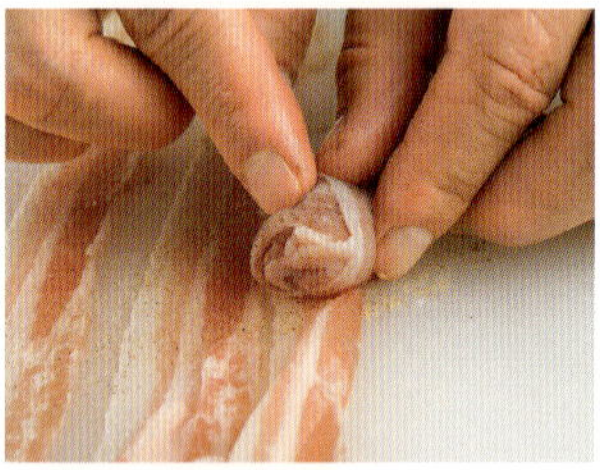

2

豚ばら薄切り肉は3㎝幅になるように細長く切って、塩、こしょうをふる。端から左右に蛇行するようにジグザグに転がして丸める。

3

2に1の衣をつける。肉がばらばらにならないように、巻き終わりは内側にも少し衣をつけて、しっかり留める。

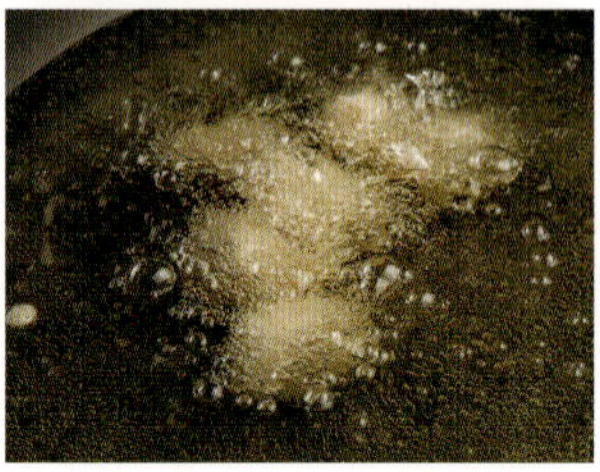

4

揚げ油を160℃に熱する。衣を落として3秒後に浮く程度が目安。3を静かに入れてゆっくり揚げる。

5

2～3分揚げ、揚げ色が軽くついた状態でいったん引き上げる。油の温度を180℃に上げる。衣を落として鍋底に落ちる前に浮き上がる程度が目安。

6

再び5を入れ、こんがり揚げ色がつくまで30秒ほど揚げ、揚げ網で油をきる。

7

Ⓑをフライパンに入れて強火で煮立たせ、水溶き片栗粉を少しずつ入れる。フライパンをゆすりながら玉じゃくしを手早く回し、甘酢あんを作る。

8

6を加えてフライパンを傾けながら、全体にあんをからめる。酸味がとばないように手早くからめる。器に1の野菜とともに盛る。

皿／Verre（ヴェール）　布／トミタテキスタイル

豚しゃぶ

ほんのりピンクが残るくらいがおいしさの証し。火入れの温度と時間が成功の秘訣です。
洗練された盛りつけは日本料理の美。ぜひ、おもてなしの日のご参考に。

材料（2人分）

豚ロース薄切り肉……200g

豆乳だれ

- みりん……大さじ$1\frac{2}{3}$
- 豆乳……$\frac{1}{2}$カップ
- しょうゆ……大さじ$1\frac{2}{3}$

付け合わせ

- オクラ……5本
- きゅうり……$\frac{1}{2}$本
- 長ねぎ……$\frac{1}{2}$本
- 塩……少量

和 野﨑さんから

肉はあまり薄いと旨みが出てしまうので、スーパーなどで売っている「しゃぶしゃぶ用」はおすすめしません。薄切りでも、少し厚みがあるものを選びましょう。湯通しにベストな温度は80℃で、時間は40秒。温度計がなくても沸騰した1ℓの湯に、常温の水$1\frac{1}{2}$カップを入れれば、大体この温度になるので、目安にしてください。またゆでたあとは氷水にとってはいけません。旨みの脂肪が固まり、ソフトな食感が損なわれるので、常温の水にしましょう。野菜はあらかじめ豚肉の枚数に合わせて盛ると、取り分けやすいですよ。

1

豆乳だれを作る。小鍋にみりんをひと煮立ちさせて煮きり、冷ましてからほかの材料と合わせて混ぜる。

2

オクラは表面を塩でこすり、熱湯でゆでて上下を切り、種を取り、きゅうりは皮をむき、ともに5cm長さの細切りにする。長ねぎは5cm長さのせん切りにする。

3

ボウルに常温の水を準備する。水1ℓを沸騰させ、常温の水$1\frac{1}{2}$カップを加えると、湯が80℃になるので豚ロース薄切り肉を1枚ずつくぐらせ、40秒ほど火を通す。

4

3の肉を準備した水にとり、粗熱を取る。

5

肉どうしがくっつかないように広げながら、ざるに上げて水気をきる。器に並べ、**2**を揃えて盛り、**1**の豆乳だれをつけていただく。

ガラス角皿／宙（ハシヅメミツコ）　布／トミタテキスタイル

教えて！ 野﨑さん

食べ方が広がる 豚しゃぶの特製だれとアレンジ

しっとり柔らかくなるゆで方（→20ページ）を覚えたら、もう豚しゃぶはお手のもの。豚ばら肉でもゆで方は同じでかまいません。ゆでただけのシンプルな豚肉を上品に仕上げた2品と、酸味が爽やかで、ヘルシーな3つの特製だれを教わりました。

ヨーグルトごまだれ

材料（でき上がり約90mℓ分）

プレーンヨーグルト……………大さじ3強
白いりごま………………………大さじ1
豆乳………………………………大さじ$1\frac{2}{3}$
塩…………………………………ひとつまみ

＊すべての材料を合わせてひと煮する。

二杯酢だれ

材料（でき上がり90mℓ分）

酢（煮きる。→P.153）………大さじ2
しょうゆ…………………………大さじ2
水…………………………………大さじ2

＊すべての材料を混ぜ合わせる。

梅肉だれ

材料（でき上がり約60mℓ分）

梅肉（包丁でたたく）…………大さじ1
しょうゆ…………………………大さじ$\frac{2}{3}$
だし汁……………………………大さじ2

＊すべての材料を混ぜ合わせる。

豚しゃぶの野菜巻き

野菜と肉の相性が絶妙。
野菜を替えて、食べるたびに違う味を楽しんで。

材料（2人分）

豚ばら薄切り肉……………150g（10枚）
しいたけ……………………………2個
水菜…………………………………30g
きゅうり……………………………20g
長いも………………………………40g

＊たれはお好みで。

❶豚しゃぶ（→P.20）の作り方2～4を参照し、豚ばら薄切り肉をゆでてざるに上げ、水気をきる。
❷しいたけは軸を取って薄切りにし、熱湯でゆでる。水菜は熱湯でゆで、水気を絞って5cm長さに切る。
❸きゅうりと長いもは5cm長さにし、マッチ棒ほどの太さに切る。
❹❶の豚肉で、❷と❸の野菜を1種ずつ巻き、器に盛ってたれを添える。

豚しゃぶと香り野菜の和えもの

個性的な香り野菜のハーモニーは大人の味。
心地よい歯ざわりで酒の肴にもぴったり。

材料（2人分）

豚ばら薄切り肉……………150g（10枚）
ごぼう……………………………30g
うど………………………………50g
グリーンアスパラガス…………2本

＊たれはお好みで。

❶豚ばら薄切り肉は7cm長さに切る。豚しゃぶ（→P.20）の作り方2～4を参照してゆで、ざるに上げて水気をきる。
❷ごぼうは太めのささがきに、グリーンアスパラガスは6cm長さの斜め切りにし、うどは6cm長さの乱切りにする。ごぼうとグリーンアスパラガスはゆでる。
❸❶と❷をボウルに入れて軽く混ぜ、器に盛ってたれを添える。

上の皿／宙（土井善男）　下の皿／宙（ハシヅメミツコ）

肉じゃが

しっかり煮込むのが鉄則と思いきや、お酒たっぷりの煮汁で一気に煮詰めるスピード料理です。火を入れすぎないから、肉の旨みが残る絶品おかずになります。

材料（2人分）

- 豚ばら薄切り肉……200g
- じゃがいも……2個
- にんじん……80g
- しらたき……80g
- 絹さや……5〜6枚
- 長ねぎ（青い部分）……適量
- Ⓐ
  - 水……$1\frac{1}{2}$カップ
  - 酒……$\frac{1}{2}$カップ
  - 砂糖……大さじ$4\frac{1}{2}$
- しょうゆ……大さじ$1\frac{1}{3}$

1 豚ばら薄切り肉としらたきは4㎝長さに切り、じゃがいもとにんじんは一口大に切る。絹さやは熱湯で色よくゆでてざるに上げ、水気をきる。

2 鍋に水を入れ、**1**のしらたき、じゃがいも、にんじんをざるごと入れて中火にかける。沸騰してから2〜3分ゆでたら引き上げて水気をきる。同じ鍋で、**1**の肉をさっと湯通しして霜降りにし、ざるに上げて水気をきる。

3 鍋に肉以外の**2**とⒶと長ねぎを入れて落とし蓋をし、強火でひと煮立ちさせたら火を少し弱め、煮汁が半量くらいになったら**2**の肉を入れる。

4 長ねぎを取り出してしょうゆを加え、鍋をゆすって味をからませながら、煮汁が$\frac{1}{3}$量になるまで煮詰める。

5 器に盛り、**1**の絹さやを散らす。

和 野崎さんから

スピーディに仕上げるには下ゆでがポイント。素材のあくが抜け、肉はほどよく締まって脂身がぷりんとします。少し火が通るので、あとの煮込み時間も短くなります。大体、煮すぎるからまずくなるんです。煮込むときはたっぷり酒が入った煮汁と落とし蓋も効果的。煮汁の一部を酒にすると蒸発が早まり、煮すぎ防止になります。じゃがいもは少し煮崩れるくらいがおいしいですよ。

器／宙（平野寅和）

豚汁

さらっとしていて、
肉と野菜それぞれの旨みが
素直に伝わってくる新感覚の豚汁です。
二回に分けて入れるみそで
香りの高さも抜群です。

材料（2人分）

豚ばら薄切り肉……100g
ごぼう……40g（10cm）
長ねぎ……$\frac{1}{2}$本
大根……80g（3cm）
にんじん……60g（$\frac{1}{3}$本）
里いも……2個
こんにゃく……$\frac{1}{4}$枚
しいたけ……2個
Ⓐ { 水……$2\frac{1}{2}$カップ
昆布（5cm角）……1枚 }
みそ……40g
七味唐辛子（好みで）……適量

1 ごぼうと長ねぎは1cm長さの小口切り、大根とにんじんはいちょう切り、里いもとこんにゃくは一口大に切る。しいたけは石づきを取って4等分に切る。豚ばら薄切り肉は5cm長さに切る。

2 鍋に湯を沸かし、1の大根、にんじん、里いも、こんにゃくをざるごと1分ほどゆでて引き上げる。同じ鍋で肉をさっと湯通しして霜降りにし、ざるに上げて水気をきる。

3 鍋にⒶと1のごぼうとしいたけ、2の野菜を入れ、火にかける。野菜に八分通り火が通ったら、みその半量を溶かす。

4 3分煮て2の豚肉と1の長ねぎ、残りのみそを加える。

5 長ねぎに火が通ったら、器に盛る。好みで七味唐辛子をふる。

和 野﨑さんから

下ゆでをするから野菜も肉も、やや大きめでOK。野菜から旨みが出るので、昆布を少し加えるだけで、かつお節など余計なだしは加えません。また、肉には火を入れすぎないからこそ、肉に風味が残るんです。噛むごとに素材の個性、つまりそれぞれの歯ごたえや味わい、香りが引き立って、素材の数だけ味の違いが楽しめる豚汁です。

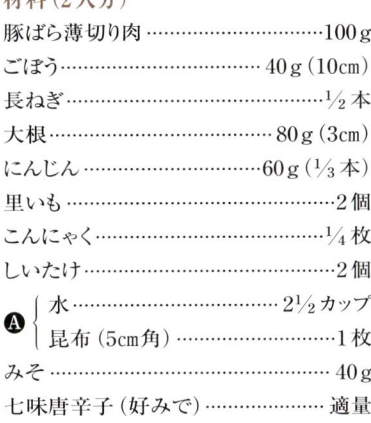

●かたまり肉

布／トミタテキスタイル

豚ばら肉のとろとろ煮込み

日本では「豚の角煮」として親しまれる東坡肉(トンポーロー)。ていねいに雑味を取り除き、砂糖としょうゆのみでシンプルに煮るので、豚肉のおいしさが引き立ちます。

材料(4人分)

豚ばらかたまり肉……………600〜700g

Ⓐ しょうゆ……………………$\frac{1}{4}$カップ
　 砂糖………………………50g
　 水…………………………1ℓ

中 脇屋さんから

これは脂身をおいしく食べる料理です。じっくり煮込んでも形が崩れないのは、肉をかたまりのまま下ゆでし、煮込む前に切り分けるから。脂身が少ない場合は、少し長めにゆでましょう。いったん柔らかくした肉を、煮汁でゆっくり煮ることでゼラチン質が溶け出し、砂糖や脂と一体化してとろみやつやが生まれます。仕上げに上澄みの脂をかけると、宝石のような光沢が出ます。

1

たっぷりの湯を沸かし、豚ばらかたまり肉を強火でゆで始める。あくをすくい、弱火にして竹串がすっと入るまで約50分ゆで、火を止めてそのまま常温まで冷ます。

2

肉を5〜6㎝角に切る。煮込むと縮むので、少し大きめに。

3

厚手の鍋にⒶを入れて強火にかけ、砂糖を溶かす。2を加えて沸騰したら中火にする。丸く切ったオーブンシートの中央を丸く抜いて落とし蓋にし、2時間ほど煮る。

4

2時間経過した状態。煮汁が多く残っていたら、この写真くらいに煮詰まって、泡が大きくなってくるまで中火のまま水気をとばす。

5

強火にして煮汁を肉の上にかけながら、照りが出るまで煮詰めて火を止める。

6

上澄みの脂を煮汁から出ている上部にすくってかけ、全体につやを出す。

回鍋肉《ホイコーロー》

柔らか肉とシャキシャキキャベツを甘辛く炒めた「豚肉とキャベツのみそ炒め」。肉は下ゆでするので、炒めるのはほんの一瞬です。キャベツの下ごしらえにもおいしさの秘密あり。

材料（2人分）

- 豚ばらかたまり肉（下ゆでしたもの）※……125g
- キャベツ……200g
- 長ねぎ……1/2本
- パプリカ（赤・黄）……各1/6個
- ピーマン……1個
- Ⓐ
  - ねぎ油（→P.129）‥大さじ1
  - 豆板醤（→P.147）‥小さじ1
  - にんにく（1.5cm角の薄切り）……8枚
  - しょうが（1.5cm角の薄切り）……8枚
  - 赤唐辛子（輪切り）…少量
- Ⓑ
  - 甜麺醤《テンメンジャン》（→P.147）‥大さじ2
  - 紹興酒（→P.147）‥大さじ2
  - しょうゆ……大さじ1
  - 鶏がらスープ……大さじ1
  - 砂糖……大さじ2
- Ⓒ
  - ごま油……大さじ1
  - ラー油……小さじ1
- サラダ油（油通し用）……適量

※「豚ばら肉のとろとろ煮込み」（→P.27）の作り方1を参照し、竹串がすっと入るまで下ゆでする。

1 長ねぎは1cm幅の斜め切り、パプリカとピーマンは短冊切りにする。

2 豚ばらかたまり肉は3mm厚さに切る。キャベツはちぎって両手でぎゅっとにぎり、亀裂を入れる。

3 油通し用のサラダ油を180℃に熱し、1を入れてすぐに網じゃくしで引き上げ、ざるに上げて油をきる。2のキャベツを入れ、3秒後に肉を加え、すぐに網じゃくしで引き上げ、ざるに上げて油をきる。

4 フライパンにⒶのねぎ油と豆板醤を入れ、弱火でゆっくり炒めて香りを立たせる。にんにくとしょうがを加えてひと混ぜし、赤唐辛子を加えて炒める。

5 Ⓑの甜麺醤を加え、よく炒めて香りを立たせる。残りのⒷを順に加え、そのつど炒めてから強火で少し煮詰める。

6 3の長ねぎ、キャベツと肉を加えて手早く炒め合わせ、Ⓒを鍋肌から回し入れてひと混ぜする。器に盛り、パプリカとピーマンを散らす。

中 脇屋さんから

料理名の〝回鍋〟は一見〝鍋の中で回す〟とか〝鍋を回す〟とか思いがちですが、実は「一度調理した肉を戻す」という意味。下ゆでした肉は柔らかく、長時間炒めないのでパサつきません。キャベツは両手でぎゅっとにぎって亀裂を入れると、さっと炒め合わせただけで亀裂からしっかり味が入りますよ。

黒こしょう風味の蜂蜜チャーシュー

蜂蜜のコクに黒こしょうがピリリッときいた大人の焼き豚。作り方は意外にシンプルなのにご馳走感はたっぷり。おもてなしにも最適です。

材料（作りやすい量）

豚肩ロースかたまり肉……600g

Ⓐ
- 長ねぎ（5cm長さに切る）……1本
- にんにく……7片
- しょうが……2かけ
- 八角（→P.150）……1個
- 桂皮（→P.150）……10g
- 花椒《ホワジャオ》（粒。→P.150）……小さじ1

Ⓑ
- しょうゆ……$2\frac{1}{2}$カップ
- 紹興酒（→P.147）……大さじ2
- 酒……大さじ2
- 赤唐辛子……1本

Ⓒ
- 蜂蜜……100g
- 粗びき黒こしょう……大さじ$\frac{1}{2}$

サラダ油……大さじ$\frac{1}{2}$

飾り：クレソン……適量

1 豚肩ロースかたまり肉は形が崩れないように、たこ糸で巻く。フライパンにサラダ油を熱し、強火で焼き色がつくまで焼く。

2 鍋にたっぷりの湯を沸かし、**1**を入れて約1時間ゆでる。

3 Ⓐはすべてたたきつぶす。堅いものはふきんに包んで麺棒などでたたく。鍋にⒷとともに入れて火にかけ、ひと煮立ちしたら**2**を加えて10分ほど煮る。

4 Ⓒを混ぜ合わせて、**3**の肉を取り出して刷毛で塗る。

5 180℃のオーブンで5分ほど、途中回しながら、表面にこんがり焼き色がつくまで焼く。たこ糸を外して一部を8mm厚さに切り、かたまりとともに器に盛って、クレソンを飾る。

中 脇屋さんから

ゆっくりと下ゆでするので、そのあとの煮る、焼くの作業が短くて、意外に手軽に作れます。煮汁に使う酒はあえて紹興酒と日本酒の2種類。紹興酒がなければ日本酒だけでも作れますが、やはりおいしさが違うので、ぜひ試してみてください。残った煮汁で鶏肉を煮てもおいしいですよ。

布／トミタテキスタイル

スペアリブの焼きもの

骨付き肉をシンプルに焼き上げて、
酸味のきいた和風だれでいただく、歯ごたえ抜群のワイルド料理。
思わず骨までかぶりつきたくなるおいしさです。

材料（2人分）

豚スペアリブ	2本
塩・こしょう	各適量
サラダ油	大さじ1
黄身おろし	
大根おろし（汁気を軽く絞る）	100g
卵黄	1個
Ⓐ 酢	大さじ2
Ⓐ 水	大さじ2
Ⓐ 薄口しょうゆ	大さじ1
Ⓐ みりん	大さじ1
練りがらし（好みで）	適量
飾り：青じそ	3枚

和 野﨑さんから

骨のまわりは旨みの宝庫。弾力があって噛めば噛むほど肉汁が出ます。この料理は柔らかさより、ワイルドな歯ごたえを楽しみましょう。蓋をして終始弱火で蒸し焼きにすると、骨のまわりまでじっくり火が通り、フライパンでもジューシーにできます。しみ出た脂は臭みになるので、ペーパータオルでていねいに拭き取ってください。大根おろしは消化を助けます。酸味と辛みがきいたたれがこってり感をほどよく抑え、最後までさっぱりいただけます。

1

大根おろしと卵黄を混ぜ、黄身おろしを作る。

2

たれをつくる。小鍋にⒶを入れてひと煮立ちさせ、冷ましておく。

3

豚スペアリブの全面にたっぷりの塩、こしょうをふる。フライパンにサラダ油を熱し、強火でスペアリブの両面を焼いて焼き色をつける。

4

蓋をして弱火にし、10分ほど蒸し焼きにする。肉を返して再び蓋をし、裏側も10分蒸し焼きにし、火を止めてそのまま5分蒸らし、余熱で火を通す。

5

しみ出た油をペーパータオルでていねいに拭き取る。

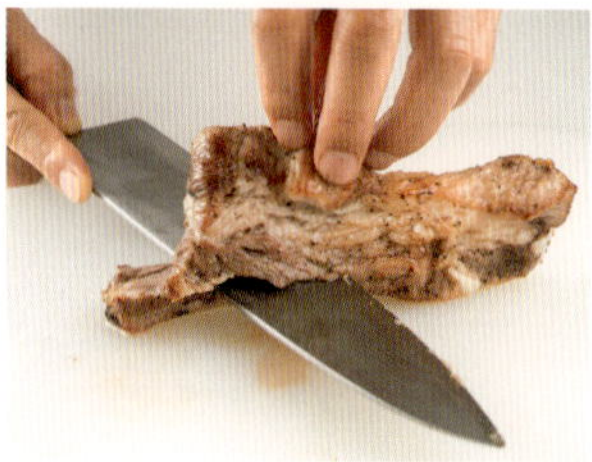

6

包丁で骨から切り離し、一口大に切る。骨とともに器に盛り、青じそと1の黄身おろしを添えて2のたれをかける。好みで練りがらしを添える。

シェフのアイデアレシピ●

頼りになる豚こま、豚薄切り肉が主役

汎用性が高いので思わず買ってしまう、豚こま切れ肉と薄切り肉。火の通りが早くて便利ですが、結局いつも同じメニューになりがちです。そこで3人のシェフに、おいしい食べ方をうかがいました。和、洋、中、それぞれに特徴があり、おかずにおつまみに、またおもてなしにもできるレシピです。

野﨑さん ●33ページ

豚こま切れ肉は、赤身と脂身がほどよく混ざっているので、味だしにも最適です。煮ものにすればだしいらずで、肉の旨みだけで深みのある煮ものになります。ただ味わいがありながらもあっさりしているので、付け合わせや野菜を加えて味に広がりをもたせましょう。その際には和え衣にひと工夫。大根おろしに卵の黄身をとき混ぜて粘着性を高めたり、長いもをたたいてより粘らせたりするなど、肉とからみやすくするとぐっとおいしくいただけますよ。

長いもはたたくと粘りがよく出るので、火を通した肉や調味料がからみやすくなります。

和

七條さん ●34ページ

豚肉はキャベツのように、さっぱりした野菜と合わせると、旨みが際立ちます。巻くひと手間で一体化するので、味のハーモニーを楽しみましょう。水っぽくならないように、キャベツの水分はしっかり拭くのがコツです。また豚肉は旨みの濃い素材とも相性がよく、意外においしいのが、肉プラス魚介です。あさりと炒めてみてください。蒸し煮をして両方から出たスープは旨みの宝庫。思わずパンを浸して、いただきたくなりますよ。

こま切れ肉もキャベツでギュッと巻いてカットすると、豚肉、キャベツを一口で食べられ、より複雑で新しい味わいに。

洋

脇屋さん ●35ページ

豚肉は旨みの強い食品とも相性がよく、お互いがお互いをおいしくします。今回選んだのはピータンと油揚げ。個性的な風味なので豚肉によくからませることが大切です。また逆に豚肉の旨みをほかの素材にからませるには、最初に弱火でじっくり炒めて脂を出すこと。脂に旨みが詰まっているので、出した脂がほかの素材にからまっておいしくなります。特に油揚げは、湯通ししてしっかり水気を絞っておくと、豚肉の旨みを含んだ煮汁をたっぷり吸います。

豚肉は油揚げやピータンなど旨みやコクのある食材とも好相性。前菜の定番食材、ピータンは炒めると絶妙な味だしに。下処理を忘れずに。

中

豚肉と三つ葉のたたき山かけ

三つ葉の香りが隠し味。肉たっぷりの和風サラダ

材料（2人分）

豚こま切れ肉……120g
長いも……120g
三つ葉……6本
練りがらし……少量
しょうゆ……適量

❶豚こま切れ肉は80℃の湯に1分ほど通し、水にとってすぐに水気を拭く。三つ葉は色よくゆで、3㎝長さに切って水気を絞る。
❷長いもはざく切りにしてふきんで包み、すりこぎなどで軽くたたく。水で軽く洗って水気を絞る。
❸❶を合わせて器に盛り、❷をのせる。しょうゆをかけて練りがらしをのせる。

（野﨑）

和

豚肉としらたきの煮もの

さっぱりしょうゆ味で食べ飽きない、おつまみ感覚の小鉢

材料（2人分）

豚こま切れ肉……150g
しらたき……120g
わけぎ……3本
しめじ……50g
黄身おろし
　大根おろし（汁気を軽く絞る）……100g
　卵黄……1個
Ⓐ 水……$3/4$ カップ
　しょうゆ……大さじ2
　酒……大さじ1
黒こしょう……少量

❶卵黄をといて大根おろしと混ぜ、黄身おろしを作る。
❷しらたきは5㎝長さに切る。鍋に入れ、浸るくらいの水を加えて火にかける。ひと煮立ちさせ、ざるに上げて水気をきる。わけぎは4㎝長さに切る。
❸豚こま切れ肉は5㎝幅に切る。しめじは石づきを取って手でほぐす。それぞれ熱湯にさっと通し、水気をきる。
❹鍋にⒶと❷と❸を入れて中火にかけ、ひと煮立ちさせたら火を弱めて2分煮る。仕上げに黒こしょうをふり、器に盛って❶をのせる。

（野﨑）

右写真の器／宙（荒賀文成）

洋

豚肉のキャベツロール

クミンや黒オリーブ、風味づけの組み合わせが新感覚

❶キャベツは沸騰した湯でさっとゆで、水気を拭く。ボウルに基本のドレッシングの材料を混ぜ、クミンを加えてキャベツを和える。
❷豚こま切れ肉はふつふつと沸いた湯でゆっくりゆで、水気を拭いてタプナードで和える。
❸ラップを巻きす代わりにし、大きめに広げて❶を長方形に広げ、手前に❷をのせる。ラップをのり巻きの要領で手前からしっかり巻き込み、最後はラップを引っ張りながら締めてくるむ。
❹Ⓐを混ぜてソースを作る。❸をラップごと2cm厚さに切り、ラップを外して器に盛り、ソースを添える。

（七條）

材料（2～3人分）

豚こま切れ肉……………………150g
キャベツ（大）……………3～4枚
タプナード（→P.149）…大さじ4
基本のドレッシング※1
- オリーブ油……………大さじ4
- 赤ワインビネガー（→P.146）……………………………大さじ1
- マスタード……………小さじ½
- 塩……………………ひとつまみ
- こしょう………………………適量

クミン（シード。→P.150）……………………………ひとつまみ

Ⓐ
- ケチャップ…………大さじ1
- パプリカのピュレ※2……………………大さじ1
- 赤ワインビネガー…小さじ2

※1　でき上がり75㎖。基本のドレッシングはさまざまなサラダに使える。冷蔵庫で2～3日もつ。
※2　パプリカをゆでてミキサーでピュレにしたもの。市販品もある。

豚肉とあさりのガーリックソテー

貝と肉の旨みが引き立て合う不思議な味わい

❶あさりは3%の塩水（分量外）に浸して砂抜きをし、水気をきる。
❷豚ばら薄切り肉は3cm幅に切り、両面にⒶをからめる。
❸深めのフライパンにオリーブ油を熱し、❷を強火でほぐしながら炒める。肉の色が変わったら、❶を加え、蓋をして中火であさりの殻があくまで蒸し煮にする。ときどきゆすって、味をなじませる。
❹フライパンに煮汁を残して器に盛り、煮汁は半量近くまで煮詰める。煮汁をかけ、パセリを散らす。

（七條）

材料（3～4人分）

豚ばら薄切り肉………………250g
あさり（殻つき）………………250g

Ⓐ
- 塩…………………………小さじ½
- にんにく（みじん切り）…………………………小さじ1
- パプリカパウダー（→P.151）………………………大さじ½

パセリ（みじん切り）………… 適量
オリーブ油…………………小さじ1

右写真の器／Verre（ヴェール）

豚肉と油揚げの麻辣《マーラー》炒め

ピリリとビリビリ、2種の辛みが食欲を刺激する

❶油揚げは2cm角のひし形に切り、熱湯に入れてすぐざるに上げ、冷めたらしっかり水気を絞る。Ⓑはボウルに合わせる。
❷豚ばら薄切り肉は2cm角に切る。わけぎは2cm長さに切る。
❸フライパンにサラダ油を熱し、❷の肉を入れて弱めの中火でしっかり炒めて脂を出す。
❹わけぎ、豆板醤の順に加えてそのつど炒め合わせ、香りが立ったらⒶを加えて再び香りが立つまで炒める。
❺Ⓑと❶の油揚げを加えて汁気がすべてしみ込むまで煮る。Ⓒを鍋肌から加えてひと混ぜし、器に盛る。（脇屋）

材料（2人分）

- 豚ばら薄切り肉……120g
- 油揚げ……85g（2枚）
- わけぎ……50g
- 豆板醤（→P.147）……小さじ1
- Ⓐ
  - 長ねぎ※……大さじ1½
  - しょうが（1.5cm角の薄切り）……8枚
  - にんにく（1.5cm角の薄切り）……8枚
- Ⓑ
  - 紹興酒（→P.147）……大さじ1
  - しょうゆ……大さじ½
  - 鶏がらスープ……1カップ
  - 砂糖……小さじ2
  - こしょう……少量
  - 青花椒《チンホワジャオ》（粉。→P.150）……小さじ½
- Ⓒ
  - ごま油……小さじ1
  - ラー油……小さじ1
- サラダ油……小さじ2

※縦に切れ目を入れて開き、1.5cm角に切る。

豚肉とピータンの甘辛炒め

豚肉とピータン、旨みの相乗効果が味わえる一品

❶わけぎとセロリは1.5cm長さ、ピータンは1cm角に切る。豚ばら薄切り肉は1.5cm角に切る。Ⓑはボウルに合わせておく。
❷フライパンにサラダ油を熱し、❶の豚肉を弱めの中火でしっかり炒めて脂を出す。
❸❶のわけぎとセロリを加えて炒め、脂がからんだらⒶを加えて香りが立つまで炒める。
❹豆板醤を加えて炒め、香りを立たせる。Ⓑを入れて炒め、水溶き片栗粉を加えてよく混ぜる。
❺❶のピータンを加えて炒め、Ⓒを鍋肌から回し入れてひと混ぜし、香りをつけて器に盛る。（脇屋）

材料（2人分）

- 豚ばら薄切り肉……80g
- ピータン（→P.148）……1個
- わけぎ……80g
- セロリ……80g
- Ⓐ
  - 長ねぎ（みじん切り）……小さじ1
  - しょうが（みじん切り）……小さじ1
  - にんにく（みじん切り）……小さじ1
- 豆板醤（→P.147）……小さじ½
- Ⓑ
  - 紹興酒（→P.147）……大さじ1
  - しょうゆ……大さじ1
  - 鶏がらスープ……大さじ1
  - オイスターソース（→P.147）……大さじ1
  - 砂糖……大さじ1
  - こしょう……少量
- 水溶き片栗粉（水7:粉1）……小さじ2
- Ⓒ
  - ごま油……少量
  - ラー油……少量
  - 中国黒酢（→P.147）……少量
- サラダ油……小さじ1

中

右写真の器／宙（林 健二）

家庭で作れる肉加工品に挑戦

あこがれシャルキュトリー

ヨーロッパでは古くから、豚肉を保存食としてハムやベーコン、ソーセージに加工する技術があります。そんな豚肉加工品をフランスではシャルキュトリーといいます。肉の旨みを引き出し、保存できる食品に加工する。それは先人の知恵の結集です。環境や気候が伴わないと難しいものもありますが、家庭のキッチンで作れるものもあります。七條さんに家庭でできる豚肉仕事を教えていただきました。

パテ・ド・カンパーニュ（→P.44）

シャルキュトリーの第一歩

「塩豚」作り

シャルキュトリーのベースは塩漬け。これは「プティサレ」と呼ばれ、しっかり塩をして1週間程度おいたものです。おなじみのベーコンやハム作りもこの塩漬けから始まります。これは旨みだけでなく保存性も重要なので、塩分濃度が高く、料理に使う際は塩出しが必須。ここでは、本来の塩漬けより時間も塩分もライトにして、塩漬けの塩分が引き出す旨みに着目しました。塩は弱めで、翌日そのまま調理できる簡単塩豚をご紹介しましょう。軽く焼いたり、野菜と煮込んだり、塩でのシンプルな旨みの引き出し方が体験できます。

材料（作りやすい量）
豚ばらかたまり肉……………………………600g
塩……………………………12g（肉の重量の2%）

1

豚ばらかたまり肉にまんべんなく塩をふり、手で押さえて全体になじませ、冷蔵庫に一晩おく。

2

一晩おくと余分な水分がにじみ出る。ペーパータオルで軽く拭く。

豚肉のポワレ

塩豚でクッキング

塩豚をかたまりのままブイヨンでしっとり柔らかく煮ておくので、表面のみをカリッと焼くだけ。中まで塩気が入った食べごたえ抜群の一品です。3種の付け合わせと交互に食べ、味の変化も楽しんで。

材料（2人分）
塩豚（上）……………………………………半量
ブイヨン（または鶏がらスープ）‥約3カップ※1
サラダ油…………………………………大さじ1
付け合わせ※2：
じゃがいものピュレ（→P.72）・紫キャベツのフランドル風（→P.73）・さやいんげんのあっさりソテー（→P.71）……………… 各適量

※1　肉がかぶるくらいの量。鍋の大きさによって調整する。
※2　付け合わせは3種なくてもよい。またP.71〜73を参照して別のものを用意してもよい。

❶塩豚は半分に切り、鍋にブイヨンとともに入れて強火にかける。沸騰したら弱火にして約1時間ゆでる。スープが減って肉の表面が出たら、ひたひたになるように水を足す。

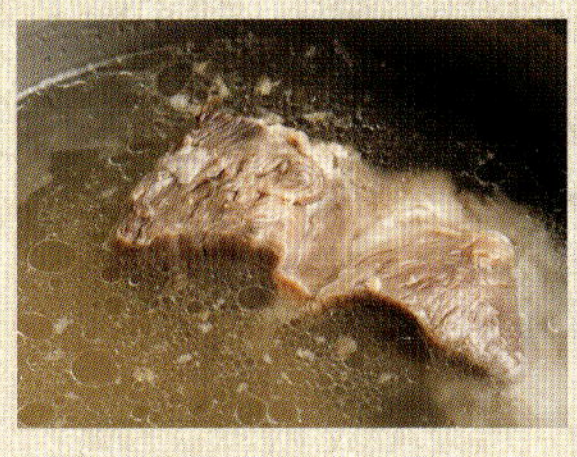

❷フライパンにサラダ油を熱し、❶の水分をペーパータオルで拭いて強火で焼く。表面に焼き色がついて脂身がカリカリになるまで焼く。
❸器に付け合わせの紫キャベツを広げて盛り、❷をのせてほかの付け合わせを添える。

ワイングラス／Verre（ヴェール）　布／トミタテキスタイル

塩豚でクッキング

ポテ

野菜と一緒にゆっくり煮る
ポトフの一種で、
フランス各地にある
田舎風煮込みです。
塩味が入った豚肉は
しっとりとし、
旨みが凝縮され、
水で煮込んだだけで
しっかりと
旨みが感じられます。

材料(4人分)

塩豚(→P.37)……………全量
キャベツ(大)……………1/3個
にんじん……………………1本
かぶ…………………………2個
セロリ………………………2本
ポワロー※(→P.148)……1本
じゃがいも(大)……………1個
ブロッコリー………………4房
ブーケガルニ(→P.40)……1個
薬味:コルニッション(→P.149)
粗塩・粗びき黒こしょう
マスタード……………各適量

※なければ長ねぎ2本で代用可。

・直径22cm・容量3.3ℓの鍋を使用
・加熱時間:約2時間

❶じゃがいもは4等分に切って塩ゆでする。ブロッコリーも塩ゆでする。
❷キャベツは縦4等分、にんじんは太さを揃えて8cm長さに、かぶは縦半分、セロリは半分の長さに、ポワローは3cm長さに切る。塩豚は4つに切る。
❸鍋に❷とブーケガルニを入れ、ひたひたの水を加えて強火にかける。沸騰したら弱火にし、蓋をして約2時間、野菜が崩れる一歩手前まで煮る。
❹❶とともに器に盛り、カップに煮汁を入れる。薬味を別皿にのせて添える。

煮汁はカップに入れてスープにし、肉や野菜はマスタードや粗塩、粗びき黒こしょうなどをつけていただくのが一般的。

右写真の鍋/ル・クルーゼ　左写真の皿・カップ/チェリーテラス　布/トミタテキスタイル

リエット

豚肉と香味野菜をラードでつぶれるくらい柔らかく煮て、煮汁を混ぜるだけ。豚肉と野菜の旨みがぎゅっと詰まったペーストは濃厚なのでワインのおつまみにもぴったり。持ち寄りパーティーでも喜ばれます。本来は豚の背脂を使いますが、市販のラードなら手軽に作れますよ。

◀作り方は次ページ

皿・ボウル／Verre（ヴェール）　布／トミタテキスタイル

材料（作りやすい量）

豚ばらかたまり肉	500g
豚肩ロース肉	500g
玉ねぎ	$\frac{2}{3}$個
にんじん	$\frac{1}{2}$本
セロリ	$\frac{1}{2}$本
にんにく	$1\frac{1}{2}$片
Ⓐ ブーケガルニ（下）	1個
Ⓐ 白ワイン	1カップ
ラード（→P.146）※	100g
塩	12g
こしょう	適量

※固めるためにサラダ油ではなく、ラードを使用する。
・直径22cm・容量3.3ℓの鍋を使用

●保存

冷蔵庫で一晩ねかして、翌日から食べられる。
冷蔵庫で約10日間もつ。

●準備すること

旨みが強い脂身を含むばら肉と、赤身特有の味わいや食感をもつ肩ロース肉は半々に。6cm角に切る。

白ワイン

ラード

塩

こしょう

野菜はあとでつぶしやすいよう、それぞれ薄切りにする。にんにくはそのままでよい。

ブーケガルニって何?

ハーブや香辛料を束ねたもので、肉の臭み消しや香りづけの目的で一緒に煮込みます。ここではタイム（→P.151）2枝、黒粒こしょう5粒、ローリエ（→P.151）$\frac{1}{3}$枚、クローブ（→P.150）1個をポワロー（→P.148）の葉を広げて包み、たこ糸で縛ったものを使用しました。ポワローが手に入らなければ長ねぎで代用しますが、細いと包めないので、太いものを選んで重ねましょう。

1

厚手の鍋にラードを入れ、中火にかけて溶かす。野菜とにんにくを加えてラードをからませるように混ぜ、弱火にして蓋をして約10分、蒸らしながら水分を出す。

2

豚ばらかたまり肉と豚肩ロース肉と塩こしょうを加え、全体に均一に炒め合わせる。しっかり炒める必要はなく、色が変わる程度でよい。

3

🅐とひたひたの水を加え、強火にする。

4

沸騰したら火を弱めてあくを取る。脂に旨みがあるので脂は取り除かないよう注意。蓋をずらしてのせ、弱火で2時間ほど煮る。

5

2時間煮た状態。肉を押すとつぶれるほどの柔らかさになる。

6

ざるでこしてスープを鍋に戻し、弱火にかけて煮汁が300～350mℓになるように煮詰める。

7

ブーケガルニを取り除き、肉と野菜はボウルに移して熱いうちにゴムべらで粗くつぶす。細かくつぶすよりも、肉の食感を適度に残したほうがおいしい。

8

7に6を少しずつ加え、そのつどよく混ぜる。

9

常温になるのを待って、氷水に当てながら混ぜて、均一に冷やす。一気に冷やすと分離するので注意。保存容器に入れて一晩おく。

1.5㎝厚さに切ってカリカリに焼いたフランスパンに、たっぷりのせていただく。

ジャンボン・ペルシェ

塩豚をゆで、ゆで汁で
しっかり固めた簡単ゼリー寄せ。
材料揃えがひと手間ですが
グリビッシュソースがあると、
格段においしくいただけます。
厚めにスライスしてソースをかければ、
一気におもてなし風に。

器／Verre（ヴェール）　布／トミタテキスタイル

グリビッシュソース

ゆで卵を使った冷たいソース。オリーブ油と酢で作るシンプルなドレッシングに、卵やくせのあるハーブなどを混ぜて作ります。ゆでた鶏肉、豚肉や帆立貝のソテーなどあっさりしたものに合わせるとおいしい。冷蔵庫で3日ほどもちます。

材料（作りやすい量）

- ゆで卵（みじん切り）……1個
- トマト（湯むきしてみじん切り）……40g
- ケイパー（酢漬け。みじん切り。→P.149）……25g（大さじ2）
- コルニッション（みじん切り。→P.149）…25g（約4本）
- エシャロット（みじん切り。→P.148）…25g（大さじ2）
- エストラゴン（酢漬け。→P.149）……大さじ$1\frac{1}{3}$
- パセリ（みじん切り）……大さじ3
- 基本のドレッシング（→P.34）……120mℓ

作り方

すべての材料をよく混ぜる。

材料（26×13×8cmの型※1台分・1.4ℓ）

- 塩豚（→P.37）……全量
- Ⓐ
  - 玉ねぎ……$\frac{1}{6}$個
  - にんじん……$\frac{1}{8}$本
  - セロリ……10cm
  - ブーケガルニ（→P.40）……1個
- 板ゼラチン……42g
- パセリ（みじん切り）……大さじ2
- グリビッシュソース（左）……適量

※ラップを型の上部が覆える大きさに切り、型に敷く。

●**保存**　冷蔵庫で1週間もつ。

1

［前日］塩豚は4つに切り、材料がぎりぎり入る鍋にかぶるくらいの水（4カップ弱）とともに入れて強火にかける。沸騰したら中火にし、あくをすくう。

2

Ⓐを加え、再び沸騰したら弱火にし、蓋をずらしてのせ、約1時間ゆでる。水が減ってきたらひたひたになるように足す。ゆで汁は最後に$1\frac{1}{2}$カップほど必要。

3

肉に竹串を刺し、すっと入らず少し手ごたえが残るくらいで火を止め、一晩おく。急ぐ場合は氷水に当てて冷やす。

4

［当日］固まった脂は取り除く。ゆで汁はざるでこして、肉は2cm角に切る。ゆで汁$1\frac{1}{2}$カップは鍋に入れて火にかける。板ゼラチンは冷水に浸してふやかす。

5

ゆで汁がふつふつと沸いてきたら、4のふやかしたゼラチンを加えて溶かす。

6

完全に溶けたら、鍋ごと氷水に当てて混ぜながら粗熱を取る。少しとろみがついてきたら、氷水から外してパセリを加え、混ぜる。

7

準備した型の底に4の肉を均一に敷き、6を肉がかぶるくらい注ぐ。その上にまた肉を並べスープを注ぐ。これを上まで繰り返し、ラップで覆い冷蔵庫で固める。

8

スパチュラなどを側面のラップと容器の間に差し入れ、空気を入れてバットなどに取り出す。2cm厚さに切り、器に盛ってグリビッシュソースを添える。

パテ・ド・カンパーニュ

フランスならどの街のお惣菜屋さんにもある、ごく庶民的なパテがこの「田舎風パテ」。オーブンで焼くレシピが一般的ですが、湯せんでゆっくり火を入れる調理法が「レストラン七條」流。焼かないので肉が縮まず、肉汁をたっぷり含んだままでしっとりとした仕上がり。1週間ねかせると本格派の味わいに。

1

ボウルに豚ひき肉、豚肩ロース肉と塩を入れ、氷水に当てながら全体になじませる。鶏レバー、炒めた玉ねぎ、にんにく、卵を加えて手で手早く混ぜる。

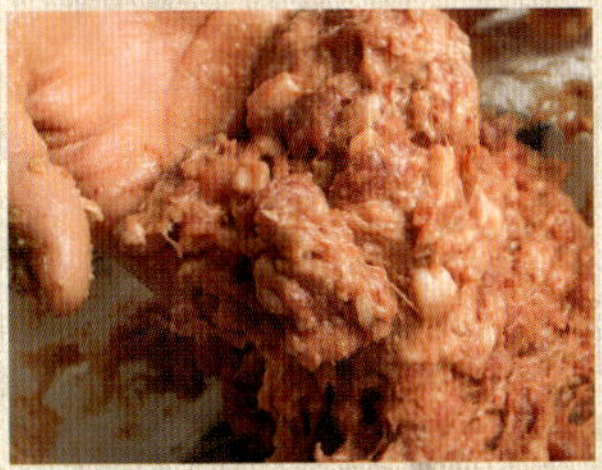

2

Ⓐを順に加えてそのつど手早く混ぜる。つぶしすぎないように肉と肉がしっかりつながった状態まで混ぜる。

3

型に空気が入らないよう、2をしっかり詰めてラップをぴったりかける。

4

鍋に型の8割までつかるほどの湯を沸かして火を止め、底にふきんを敷いて3を湯せん状態にし、70～80℃を保って2時間ほど蓋をしておく。温度が下がってきたら火をつけて温度を保つ。

◀次ページに食べ方を紹介

肉を混ぜるときは 氷水に当てて冷やしながら

混ぜている途中で脂肪が溶け出ないように、氷水に当ててしっかり手早く練りましょう。脂肪が溶けると粘りが出てしまい、肉どうしがつながりません。氷の上にふきんを敷いてからボウルを置くと滑らず、安定します。

材料（26×13×8㎝の型1台分・1.4ℓ）

豚ひき肉※……500g
豚肩ロース肉……500g
鶏レバー……200g
玉ねぎ（みじん切り）……1個
にんにく（すりおろす）……½片
卵……2個
塩……大さじ1強
Ⓐ
- キャトルエピス（→P.151）……小さじ½
- こしょう……小さじ1
- 白ワイン……大さじ1
- コニャック……大さじ1

※できればばら肉を粗びきにしたものを使うとよい。
・直径22㎝・容量3.3ℓの鍋を使用

●保存　作った翌日から食べられるが、食べ頃は冷蔵庫で1週間おいてから。切ったら3日ほどで食べたほうがよい。

●準備すること
・豚肩ロース肉は1㎝角に切る。
それより小さすぎるとなめらかすぎて、
肉を食べている感じがしない。
使う直前まで冷たく冷やしておく。
・鶏レバーはフードプロセッサーにかけてペースト状にする。
・玉ねぎはフライパンにサラダ油適量（分量外）を温め、
弱火で炒めて水分を出し、
そのまま水分をとばすようにじっくり炒める。

パテ・ド・カンパーニュの食べ方

豚肉の旨みをダイレクトに味わうには、そのままいただくのが一番。せっかくなので、厚めにカットして贅沢にいただきます。

サンドイッチに

ハムよりも肉らしい食感と味わいで、いつものサンドイッチが豪華に。パテの力強さには、全粒粉入りの素朴な田舎風パン（パン・ド・カンパーニュ）が合います。パンにはバターを軽く塗り、一緒にレタス、紫玉ねぎとコルニッションのスライスを挟みます。お弁当にも。

オードブルに

カットしたパテ・ド・カンパーニュを皿に盛り、クレソンと紫玉ねぎは適宜切って、基本のドレッシング（→P.34）で和えて添えます。コルニッション（→P.149）と小玉ねぎのピクルスも相性がよいのでおすすめ。パンを添えれば立派なランチに。もちろんワインのおつまみやオードブルにもどうぞ。

左写真の器／Verre（ヴェール）　布／トミタテキスタイル

牛肉の料理

ジュッと焼けた牛肉の香ばしいにおいをかぐと、
思わずほおばりたい誘惑に駆られませんか？
肉を食べる歴史が浅いにもかかわらず、
日本の牛肉は味、香り、食感、どれをとっても
トップレベル。あとはおいしく仕上げるだけです。
深い旨みと甘い香り、素材の力を最大に
引き出す方法を各シェフが手ほどきしてくださいました。

PART 2

●薄切り肉・厚切り肉

ビーフステーキ

玉ねぎの甘みや風味を含んでふくよかな味わいの牛肉は
じんわり温めるように焼くと、
余熱調理で極上の柔らかさに仕上がります。
蜂蜜を加えた甘酸っぱいソースでいただきます。

材料（1人分）

牛ランプ肉……………………………150g（1枚）

Ⓐ
- 玉ねぎの絞り汁（すりおろして絞る）……………………………大さじ2
- オリーブ油……………………小さじ1

塩・こしょう……………………………各適量

赤ワインとバルサミコ酢のソース（下）……………………………半量

サラダ油……………………………大さじ$1\frac{1}{3}$

付け合わせ：

ドフィノワ（→P.72）・クレソン… 各適量

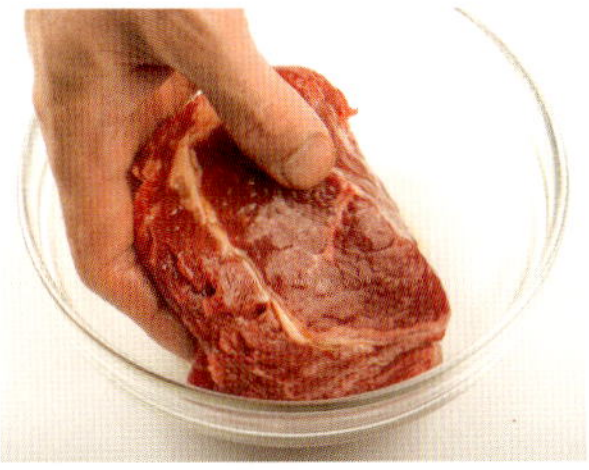

1

ボウルにⒶを合わせて牛ランプ肉を入れ、からめてマリネし、室温で20分おく。夏場は冷蔵庫に入れる。

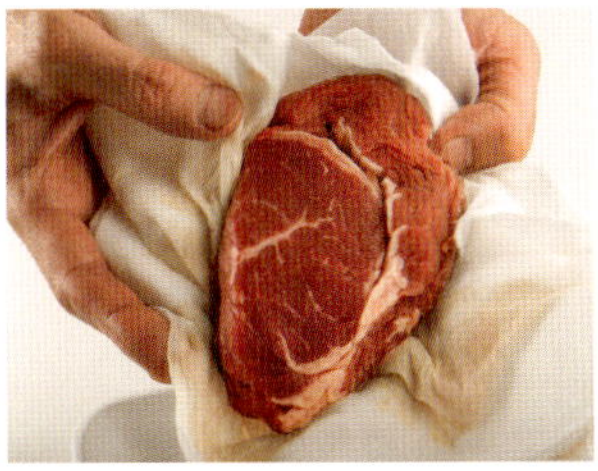

2

ペーパータオルで汁気をしっかり拭き取る。塩、こしょうをふる。

3

フライパンにサラダ油大さじ1を熱し、**2**を入れて弱めの中火で焼く。両面をそれぞれ1分半ほど焼き、表面の色が変わったら焼き色がつく手前で取り出す。

4

アルミ箔で包み、約3分おいて余熱で中まで温める。

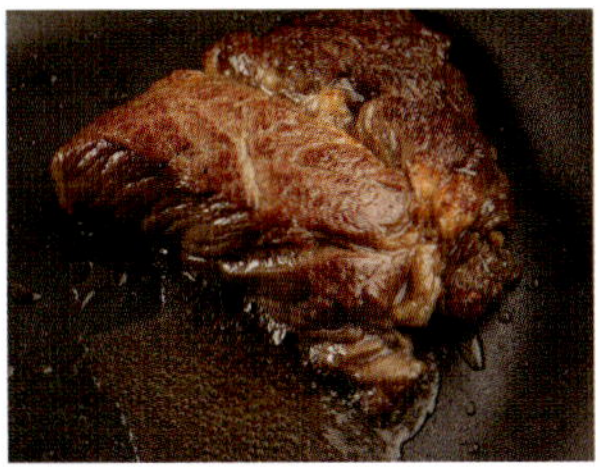

5

3のフライパンをきれいにしてサラダ油大さじ$\frac{1}{3}$を熱し、**4**の両面を強火でさっと焼く。焼き色がついたら付け合わせとともに皿に盛り、赤ワインとバルサミコ酢のソースをかける。

洋 七條さんから

肉は焼くというより、温めて火を入れる感じです。加熱の途中でいったんフライパンから取り出し、アルミ箔でくるんでおくと、じんわり中まで火が入り、ジューシーで柔らかく仕上がります。フライパンに戻したあとは、強火で焼き色をつける程度で十分です。また加熱前には肉をぎゅっとにぎるようにして、余分なマリネ液をしっかり拭き取りましょう。こうすると焦げにくく、焼き色がきれいにつきます。

赤ワインとバルサミコ酢のソース

作り方

厚手の小鍋にすべての材料を入れ、弱火でとろりとするまで煮詰める。

材料を合わせて煮詰めるだけで、コクのある甘酸っぱいソースに。鶏肉や豚肉のソテーや、サラダにも。ハヤシライス（→P.50）の隠し味としても使います。

材料（作りやすい量）

赤ワイン…………………$\frac{1}{2}$カップ

バルサミコ酢（→P.146）……………………………大さじ2

蜂蜜…………………大さじ$1\frac{1}{3}$

塩……………………ひとつまみ

ハヤシライス

デミグラスソースに甘酸っぱいソースを加えた大人のハヤシライス。
肉を焼いたらひと煮立ちさせるだけで完成。
短時間加熱だから肉の旨みがストレートに味わえます。

材料（2人分）

牛切り落とし肉	120g
玉ねぎ	1/2個
しいたけ（大）	1 1/2個
Ⓐ デミグラスソース（→P.52、P.148）	1 1/2カップ
Ⓐ 赤ワインとバルサミコ酢のソース（→P.49）	全量
塩・こしょう	各適量
サラダ油	小さじ1
ご飯（温かいもの）	400g

洋 七條さんから

牛肉の旨みを生かすために、デミグラスソースの中では煮込むというより、さっとなじませる程度で仕上げたいもの。だから具の玉ねぎとしいたけは下ゆでしておきましょう。ここから水分が出るとソースが薄まるので、水分はしっかりと拭き取ってください。玉ねぎのシャキシャキ感が残り、牛肉も柔らかく仕上がります。

1

玉ねぎは1cm厚さの輪切り、しいたけは石づきを切り落として4等分に切り、塩適量を入れた熱湯で一緒にゆでる。水分をしっかり拭き取る。

2

牛切り落とし肉は5cm幅に切る。

3

フライパンにサラダ油を熱し、2を強火で炒める。塩ひとつまみとこしょうをふって全体に色が変わったら1を加えて炒める。

4

玉ねぎとしいたけに油がまわったらⒶと塩小さじ1/3を加える。

5

なじませるように2〜3分煮て、味をみて足りなければ塩でととのえる。器にご飯を盛ってかける。

皿／Verre（ヴェール）　布／トミタテキスタイル

3時間煮込んで作る 絶品デミグラスソース

教えて！ 七條さん

トマト

にんにく

デミグラスソース

ブイヨン

赤ワイン

サラダ油

牛すね切り落とし肉

セロリ、玉ねぎ、にんじん、セロリの葉、トマトペースト

●準備すること

・玉ねぎ、にんじん、セロリは1.5㎝角に切る。セロリの葉はそのまま。

・トマトは皮を湯むきしてざく切りに、にんにくはつぶす。

材料（でき上がり約3カップ分）

牛すね切り落とし肉……500g
玉ねぎ……130g
にんじん……80g
セロリ……40g
セロリの葉※……1～2本分
トマト……1個
にんにく……½片
トマトペースト（→P.149）……15g
デミグラスソース（市販。→P.148）……500g
ブイヨン（→P.146）……2½カップ
赤ワイン……375㎖
サラダ油……適量

※長ねぎの青い部分があれば併用する。

・長径25㎝・容量3.2ℓの鍋を使用
・加熱時間：約3時間

レストランで何日も煮込んで作るデミグラスソース。おうちではとても無理と思っていませんか？　今回七條さんに、できるだけ簡単においしいデミグラスソースを作りたいのですが……とお願いしたところ、市販のデミグラスソースを使うことによって、なんと3時間煮込むだけの絶品レシピを考案してくださいました。「お店のソースに比べると少しコクが足りないんですが」と登場したソースは本格的な味で一同びっくり。お店の作り方と同様に肉や野菜を使うので、市販のソースの気になるにおいなどは消えてオリジナルの味に。3時間といっても具をこす前に一晩ねかせるので、一日前に煮込むのをお忘れなく。また、でき上がってから一晩おくとさらに味に深みが増します。

❶［前日］フライパンにサラダ油大さじ1を熱し、牛すね切り落とし肉を強火で色が変わるまで炒め、厚手の鍋に移す。

❷同じフライパンに玉ねぎ、にんじん、セロリ、にんにくを入れて炒める。水気がなくなってきたら、サラダ油少量を加えて焼き色がつくまで炒め、トマトペーストを加えて炒め合わせる。

❸❶の鍋に、❷、セロリの葉を入れる。❷のフライパンに赤ワインを入れて熱し、鍋肌に残った野菜などをきれいに落として鍋に加える。

❹トマト、ブイヨン、デミグラスソースを加えて強火で煮始める。

❺沸いてきたら火を弱め、あくをすくう。ときどきあくをすくいながら蓋をせずに約3時間煮込む。

❻約半量まで煮詰まったら、火を止めて一晩ねかせる。

❼［当日］一晩ねかせた状態。こしやすいように温める。

❽ゴムべらで押しつけるようにし、ざるでしっかりこす。

●保存

冷凍用保存袋に入れて、平らに冷凍保存する。少量使いたいときも、端から折って使えるので便利。約1か月もつ。

こしたあとの肉と野菜もおいしくいただく

旨みは抜けてしまっていますが、捨てるのはもったいない。そう思ったら塩、こしょうでしっかり味をつけ、お手軽ミートソースに。耐熱皿にじゃがいものピュレ（→P.72）とこれをミルフィーユ状に重ね、チーズをふってオーブントースターで焼けば、パルマンティエという料理に。

牛丼

すき焼き煮のように砂糖ではなく、玉ねぎの穏やかな甘みなので、すっきりして食べ飽きません。
玉ねぎの甘みを先に引き出し、牛肉を入れるのは仕上げ間近。だからこそ残る肉本来の旨みは感動もの。

材料（2人分）

牛ばら薄切り肉		150g
玉ねぎ		120g
しらたき		100g
Ⓐ	水	3/4カップ
	しょうゆ	大さじ2
	酒	大さじ2
	昆布（5cm角）	1枚
粉山椒		小さじ1/2
水あめ		30g
ご飯（温かいもの）		2杯分
紅しょうが		適量

和 野崎さんから

薄切り肉は長時間煮ると堅く締まるので、最初に湯通しで、霜降りにして雑味を取り除き、最後に味をからめる程度にします。そのために作るのが、玉ねぎから出る自然な甘さが持ち味のしょうゆベースの煮汁。玉ねぎは厚めに切って弱火でじっくりと煮ましょう。最後に加える水あめはつやを出すとともに、水分を保つことで柔らかい食感にしてくれます。

1

玉ねぎは縦半分に切り、繊維に沿って1.5cm幅に切る。しらたきは5cm長さに切って鍋に入れ、ひたひたの水を加えて火にかける。ひと煮立ちさせ、ざるに上げて水気をきる。

2

牛ばら薄切り肉は10cm長さに切る。ざるに入れ、熱湯に浸してほぐし、うっすら白くなるまで湯通し（霜降り）、水で軽く洗ってあくや汚れを落として水気をきる。

3

鍋にⒶと1を入れて中火にかける。沸いたら弱火にする。

4

玉ねぎが柔らかくなるまでゆっくり煮て、甘みを引き出す。

5

2を加えてざっくりと混ぜ合わせ、牛肉に味をなじませる。粉山椒を加えて混ぜる。水あめを加えたら均一にからめて火を止める。

6

器にご飯を盛り、具は余計な汁気をよくきってのせる。紅しょうがを散らす。

牛肉のしぐれ煮

牛肉の風味が口いっぱいに広がる、
きりりと上品な味つけです。
温め直してもおいしいので
煮汁は少し多めに作りましょう。
もちろん冷めてもおいしいから、お弁当にも。

材料（作りやすい量）

牛ばら薄切り肉		500g
しょうが		40g
Ⓐ	酒	$1\frac{1}{4}$カップ
Ⓐ	水	$1\frac{1}{4}$カップ
Ⓐ	みりん	$\frac{1}{2}$カップ
Ⓐ	しょうゆ	$\frac{1}{2}$カップ
Ⓐ	砂糖	大さじ5
水あめ		大さじ5

1 牛ばら薄切り肉は3cm幅に切り、熱湯でさっと湯通しする（霜降り）。しょうがは細切りにし、水に浸してさっと洗って水気をきる。

2 鍋にⒶと**1**の牛肉を入れて中火にかけ煮立ったら肉を取り出す。

3 煮汁を煮立てて煮詰め、沸き立つ泡が大きくなったら牛肉を戻し入れ、**1**のしょうがを加えて混ぜ合わせる。

4 水あめを加えて混ぜ合わせ、煮汁を全体にからませる。

和 野﨑さんから

しぐれ煮は、古くは日もちのためしっかり火を入れ、味つけも濃かったものですが、冷凍もできる今、家庭ではそんな必要はありません。肉のおいしさを生かすなら、牛丼と同じように煮る前に湯通しして「霜降り」にしましょう。また肉はずっと煮るのでなく、いったん取り出し、途中は煮汁だけを煮詰めます。こうすると、肉の中に旨みが残り、柔らかくいただけます。温め直すときは、玉ねぎなど野菜を加えてもおいしいですよ。

すき焼き

肉を甘辛く焼いていただく正統派レシピ。
卵白を泡立てた淡雪玉子は、
肉にふわっとからみ、口の中でとろりと溶けます。

材料（4人分）

牛すき焼き用肉……400g（8枚）
しらたき……1袋
長ねぎ……1本
ごぼう……100g
春菊（葉のみ）……1束分
砂糖……大さじ8
割りじょうゆ
- しょうゆ……大さじ$2\frac{2}{3}$
- 酒……大さじ$1\frac{1}{3}$
- 水……大さじ$1\frac{1}{3}$

割り下
- みりん……$\frac{1}{2}$カップ
- 酒……$\frac{1}{4}$カップ
- しょうゆ……$\frac{1}{4}$カップ

牛脂……適量
淡雪玉子※
- 卵白……2個分
- 卵黄……4個

※卵白はボウルに入れ、ピンと角が立つまで泡立て器で泡立てる。4等分して器に盛り、それぞれに卵黄を加える。

1 しらたきは10cm長さに切って鍋に入れ、ひたひたの水を加えて火にかける。ひと煮立ちさせてざるに上げ、水気をきる。長ねぎは1cm幅の斜め切りに、ごぼうはささがきにして、水に浸してさっと洗う。春菊とともに野菜を一皿に盛る。

2 割りじょうゆ、割り下の材料をそれぞれ合わせておく。

3 すき焼き鍋に牛脂を入れて中火にかけ、溶かしながらなじませる。

4 牛肉を広げ入れ、砂糖をふる。半分溶けたら割りじょうゆを加えてからめ、淡雪玉子をつけていただく。

5 肉を食べ終わったら、**1**を加えて割り下を注ぎ入れる。野菜に軽く火が通ったら火を止める。

和 野崎さんから

本来すき焼きは、最初に肉を甘辛く焼いて食べてから野菜をさっと煮て食べます。牛肉のおいしさを追求するなら、肉と野菜のごった煮はおすすめできません。野菜を食べ終わったあと、また肉を食べるときは、いったん鍋をきれいにし、作り方**4**、**5**を繰り返しましょう。卵白を泡立てて作る「淡雪玉子」は、肉をふんわりと包み込むようにからみ、口溶けもよいのでおすすめですよ。

青椒牛肉絲《チンジャオニューロース》

もも肉なのにしっとり柔らか。野菜のシャキシャキ感によって、肉の柔らかさがさらに際立ちます。あっさりした味つけで、野菜がたくさん食べられる不動の人気メニューです。

材料（2人分）

- 牛もも厚切り肉 …… 150g
- ピーマン …… 130g
- ゆでたけのこ …… 80g
- Ⓐ
  - 塩 …… ひとつまみ
  - こしょう …… 少量
  - 水 …… 大さじ1
  - とき卵 …… 大さじ1
  - 片栗粉 …… 小さじ2
  - サラダ油 …… 小さじ1
- Ⓑ
  - 長ねぎ（みじん切り） …… 小さじ1
  - しょうが（みじん切り） …… 小さじ $\frac{1}{3}$
- 紹興酒（→P.147） …… 小さじ1
- Ⓒ
  - しょうゆ …… 小さじ2
  - 鶏がらスープ …… 大さじ $1\frac{1}{3}$
  - オイスターソース（→P.147） …… 小さじ2
  - 砂糖 …… 小さじ1
  - 水溶き片栗粉（水7：粉3） …… 小さじ1
- ごま油 …… 小さじ1
- サラダ油（油通し用） …… 適量

中 脇屋さんから

炒めものは準備が命。材料のカット、調味料の計量、そして下味つけをしたら、8割がたでき上がり。低温でゆっくりとほぐすように油通しをして、最後は強火のフルスピードで炒めましょう。また牛肉を棒状に切るときは繊維に沿って切ることを忘れずに。繊維を断ち切ると、炒めたときバラバラになってしまいます。肝心の下味つけは〝漿（チャン）〞と言います。詳しくはP.60をご覧ください。

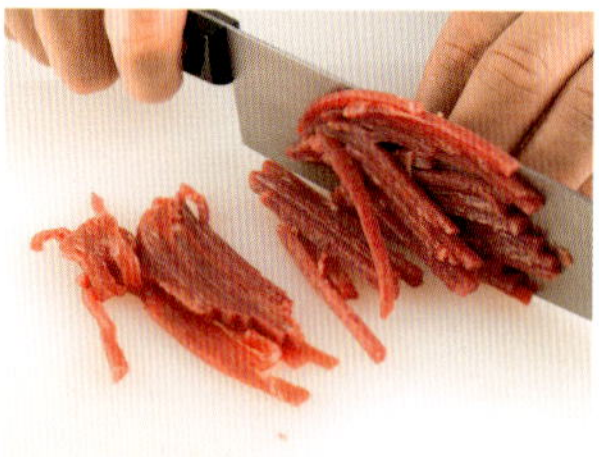

1
牛もも厚切り肉は繊維に沿って細切りにする。

2
P.60、61を参照し、Ⓐを順にもみ込む。すぐ調理してもよいが、冷蔵庫で半日程度おくと、なじんでよりおいしくなる。

3
ピーマンとゆでたけのこは6cm長さの細切りにする。Ⓒは合わせる。

4
油通し用のサラダ油を低温（160℃）に熱し、2を入れて1本1本がばらばらになるようにほぐす。

5
牛肉がほぐれたら3を加えて、手早くざっくり混ぜて、すぐに網じゃくしで引き上げ、ざるに上げて油をきる。

6
フライパンにサラダ油小さじ1（分量外）を熱し、Ⓑを加えて焦げないように弱めの中火で炒めて香りを出す。強火にして5を加え、手早く炒める。

7
紹興酒を加えてひと混ぜし、合わせたⒸを入れて全体に手早く炒め合わせる。

8
汁気がなくなったら、ごま油を鍋肌から回し入れて大きくひと混ぜし、香りをつけて器に盛る。

教えて！ 脇屋さん

中国料理の基本テクニック
「漿《チャン》」で肉がおいしくなる

調理の中で脇屋さんが最も時間をかけていたのが、肉に調味料をもみ込む〝漿《チャン》〟という中国料理の技。数種の調味料や卵が段階を踏んでもみ込まれます。一見手間がかかりそうですが、それぞれの工程には理由があり、旨さの秘訣があるのだそう。青椒牛肉絲（58ページ）の作り方を通して、なるほど納得の漿《チャン》のテクニックを教わりました。

最後の油は最強のコーティング剤。
冷蔵庫で一晩おいて調理すれば、水分がたっぷり含まれた柔らかい仕上がりに。

漿《チャン》とは…

❶ 肉にたっぷり水分を含ませ
柔らかくさせる。

❷ 肉の表面がなめらかになり、
仕上げの調味料をからみやすくさせる。

単に「下味をつける」のでなく、肉質を変えるテクニックでもあるのです。その役割は化粧の下地クリームに似て、肉の表面をととのえて保護する作用があります。しっかりとき卵を含ませると水分の流出を防ぎ、しっとり柔らかく仕上がりますし、炒め合わせるとき、調味料がよくからみます。化粧が〝よくのる〟という感じですね（笑）。もみ込んでから半日おくと柔らかさはさらにアップ。だから私たちは一日の終わりに、翌日のための漿（チャン）をして冷蔵庫に入れておきます。これは牛肉、豚肉、鶏肉を切って炒めるときによく行う技ですが、塩味のときはとき卵を卵白のみに。全卵だと色がついてしまいます。では順を追って説明しましょう。

●漿《チャン》に使う主な調味料など
塩、こしょう、とき卵、片栗粉、サラダ油

漿《チャン》の仕方

❶肉に塩、こしょうをふって粘りが出て団子状になるまでもみ込む。

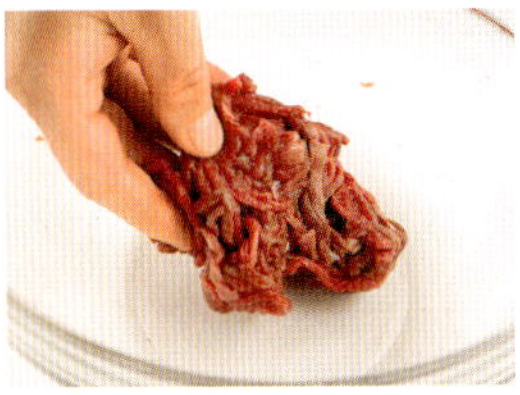

❷とき卵を加えてもむ。肉はいったんほぐれて柔らかくなる。ここで水を一緒に含ませることもある。

❸もみ込み続けると、とき卵がどんどん肉に吸い込まれ、粘りが出てまた団子状になる。

❹片栗粉、サラダ油を順にもみ込む。この2つはこれまで肉が吸い込んだ水分が、流れ出るのを防ぐ役目。

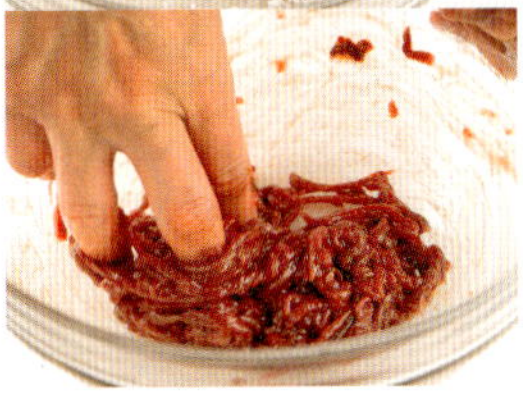

❺ひとまとまりにする。時間をおく場合は鮮度保持のため、最後に油をかけて膜を作る。すぐに料理する場合は不要。

漿《チャン》した肉を油通しする

水分を含ませてふっくらした肉には、水分を閉じ込めるための油通しが必須です。

油は必ず低温（160℃）に。高温だと肉どうしがくっついてかたまりになってしまいます。箸でほぐしながらゆっくり水分を閉じ込めます。

肉が少ないときは…

肉が少ないときは、油の量を炒めものに使う程度に減らしてもかまいません。肉は箸で広げるようにほぐしながら入れます。漿（チャン）した肉はくっつきやすいのでていねいに広げましょう。肉のまわりをしっかり油でコーティングすると、膨らんだ肉から水分の流出を防ぐことができます。

漿（チャン）で汁気をたっぷりと含んだ肉はジューシーで照りも見事。

牛肉と卵のふんわり炒め

甘いたれがからんだ
ジューシーな牛肉が、
柔らかいスクランブルエッグとからんで、
ふわふわとろ～り濃厚な味。
あつあつご飯にぴったり。

材料（2人分）

牛もも厚切り肉……100g
卵……4個
塩・こしょう……各少量
Ⓐ
- 塩……ひとつまみ
- こしょう……少量
- とき卵……大さじ1
- 片栗粉……小さじ1
- サラダ油……少量

Ⓑ
- 長ねぎ※……8枚
- しょうが（1.5cm角の薄切り）……8枚

紹興酒（→P.147）……大さじ1
Ⓒ
- しょうゆ……大さじ1
- 鶏がらスープ……大さじ1
- オイスターソース（→P.147）…大さじ1
- 砂糖……大さじ1
- こしょう……少量
- 水溶き片栗粉（水7：粉3）…小さじ1

サラダ油（油通し用）……適量

※縦に切り目を入れて開き、1.5cm角に切る。

❶牛もも厚切り肉は繊維に沿って2mm厚さ、1cm幅に切り、Ⓐを順にもみ込む。これが漿（チャン）。卵は軽くときほぐし、塩、こしょうを加えて混ぜる。Ⓒは合わせる。

❷サラダ油を低温（160℃）に熱し、❶の牛肉を入れてほぐす。ほぐれたらすぐに引き上げ、ざるに上げて油をきる。

❸フライパンにサラダ油大さじ$\frac{1}{3}$（分量外）を熱し、Ⓑを加えて弱めの中火で炒め、香りを立たせる。❷を加えて強火にして炒め、紹興酒を加えて炒める。合わせたⒸを加えて手早く炒め合わせ、取り出す。

❹フライパンをきれいに拭いてサラダ油大さじ1（分量外）を熱し、強火にして❶のとき卵を一気に流し入れ、フライパンをゆすりながら、へらでぐるぐると大きく炒める。

❺半熟状になったら❸を加え、大きくざっくりと炒め合わせ、卵が固まる前に手早く器に盛る。

漿《チャン》でおいしくなる牛肉おかず

牛肉のみそ炒めサンド

生野菜と一緒にパンに挟む、甘辛味の牛肉サンド。オープンサンドにしたり、ロールサンドにしたりお好みで。

材料（2〜3人分）

牛もも厚切り肉……200g
きゅうり……80g
長ねぎ……60g
食パン（サンドイッチ用）……8枚
にんにく……½片

Ⓐ
- 塩……ひとつまみ
- こしょう……少量
- とき卵……大さじ1½
- 片栗粉……小さじ2
- サラダ油……少量

Ⓑ
- 長ねぎ（みじん切り）……小さじ½
- にんにく（みじん切り）……小さじ½
- しょうが（みじん切り）……小さじ½

紹興酒（→P.147）……小さじ1

Ⓒ
- しょうゆ……大さじ1
- 鶏がらスープ……大さじ2
- 砂糖……大さじ1
- 甜麺醤《テンメンジャン》（→P.147）……大さじ1½

水溶き片栗粉（水7：粉1）……小さじ1

Ⓓ
- ごま油……大さじ1
- ねぎ油（→P.129）……大さじ1

サラダ油（油通し用）……適量

❶きゅうりは皮をむいて5cm長さの細切りにし、長ねぎはせん切りにして水にさらし、水気をきる。Ⓒは合わせる。
❷牛もも厚切り肉は繊維に沿って2mm厚さ、1cm幅に切り、Ⓐを順にもみ込む。これが漿（チャン）。
❸サラダ油を低温（160℃）に熱し、❷を入れてほぐす。ほぐれたらすぐに引き上げ、ざるに上げて油をきる。
❹フライパンにサラダ油小さじ1（分量外）を熱し、弱めの中火でⒷを炒めて香りを出す。紹興酒を加えて炒め、合わせたⒸを加えて中火で少し煮詰める。
❺❸を加えて炒め合わせ、水溶き片栗粉を回し入れてしっかり混ぜ、仕上げにⒹを鍋肌から回し入れてひと混ぜする。
❻食パンは半分に切って、にんにくをこすりつけてからオーブントースターで軽く焼き、❺と❶の野菜とともに器に盛る。

●かたまり肉

和風ローストビーフ

ご馳走ローストビーフがフライパンでできる!?
ゆっくり火を入れて、余熱調理すると
驚くほどしっとり柔らかく仕上がります。
まろやかな黄身おろしでどうぞ。

材料（作りやすい量）

- 牛ももかたまり肉※ …… 400～500g
- Ⓐ
  - 酒 …… 大さじ3
  - しょうゆ …… 大さじ2
  - 水 …… 大さじ2
  - 昆布（5cm角）…… 1枚
- Ⓑ
  - 長ねぎ（みじん切り）…… 1本
  - 青じそ（せん切り）…… 10枚
- 水あめ …… 大さじ2
- 塩・こしょう …… 各適量
- サラダ油 …… 大さじ1
- 黄身おろし
  - 大根おろし（汁気を軽く絞る）…… 200g
  - 卵黄 …… 2個
- 付け合わせ：クレソン・すだち …… 各適量

※断面が6cm角のもの。

和 野崎さんから

ローストビーフの作り方は、簡単で失敗しない方法を求めて年々進化し、このレシピになりました。ポイントは2つ。焼く前に塩をたっぷりふることと、4ステップの火入れです。塩をふってから時間をおくのは表面を脱水して締めるため、これで中から旨みが出にくくなります。そして火入れは①焼く（色が変わる程度）→②湯通しする（雑味を取る）→③煮からめる（味をしみ込ませる）→④包む（余熱で火を入れる）。段階を踏んで火を通すので、肉がしっとり柔らかいまま仕上がります。

1
牛ももかたまり肉はたっぷりの塩をして20分おく。しみ出た水気は拭き取る。卵黄をとき、大根おろしと混ぜて黄身おろしを作る。

2
フライパンにサラダ油を熱し、強火で**1**の肉の表面の色が変わるまで焼く。

3
熱湯に全体をさっとくぐらせて、表面の汚れと余分な油を取って水気を拭く。

4
肉を入れて蓋ができるフライパンにⒶを煮立たせてⒷを加える。**3**を加えて煮汁をからませる。蓋をしてごく弱火で約10分煮る。途中で肉を返す。

5
中央を指で軽く押して、あまり弾力がないうちにバットに取り出す。肉の中はかなり赤みが残る状態。

6
昆布を取り出して強火にし、煮詰まったら、水あめとこしょうを加える。

7
5に**6**をまんべんなくかけ、アルミ箔で覆って常温になるまで余熱で火を通す。冷めたら1cm幅に切る。付け合わせ、黄身おろしとともに器に盛り、煮汁を少しかけて残りは添える。

ビーフシチュー

じっくり煮込んだばら肉は、ほろほろと口の中で崩れるほど柔らかな仕上がり。濃厚ですが、脂は控えめにし、バターも使わないため、後味は思いのほかさっぱりしています。

材料（5～6人分）

- 牛ばらかたまり肉※1……1kg
- 玉ねぎ……1/2個
- にんじん……1/2本
- セロリ……1本
- セロリの葉……1本分
- にんにく……1片
- 薄力粉……適量
- トマトペースト（→P.149）……大さじ1
- Ⓐ
  - マデイラ酒（→P.146）……1/2カップ
  - 赤ワイン……1/2カップ
- Ⓑ
  - デミグラスソース（→P.52、P.148）……2 1/2カップ
  - ブイヨン……1 1/2カップ
  - ローリエ（→P.151）…1枚
- 塩・こしょう……各適量
- サラダ油……適量
- 付け合わせ※2：
  れんこん・しいたけ・さやいんげん・ブロッコリー・にんじん・小玉ねぎ・パスタ（幅広タイプ）……各適量

※1　外側の脂身を和牛なら9割除き、和牛以外の牛肉は7割ほど取り除く。
※2　にんじん以外の野菜は塩ゆでし、にんじんはグラッセにする（→P.71）。パスタはゆでて生クリーム・塩各適量をからめる。

・長径25cm・容量3.2ℓの鍋を使用
・加熱時間：約5時間

洋　七條さんから

和牛の脂身はすべて使うと脂っこくなるので、少し残す程度にして取り除いてください。和牛以外の肉の脂は少し多めに残します。煮崩れ防止のたこ糸は、全体に巻かれていればどんな方法でもOK。トマトペーストは野菜と一緒に炒めると、トマトが焼けた香ばしい風味が引き出せますよ。フライパンに残った野菜はおいしさの素！　ワインできれいに落として鍋に加えましょう。

1

玉ねぎ、にんじんは3cm角に、セロリは3cm長さに切る。にんにくはつぶす。

2

牛ばらかたまり肉は煮崩れないようにたこ糸をかけ、塩小さじ1 2/3、こしょうを全体にふる。薄力粉を薄くまぶし、はたいて余分な粉を落とす。

3

フライパンにサラダ油大さじ2を熱し、2の表面を焼き色がつくまで強火で焼き厚手の鍋に移す。

4

3のフライパンに1を入れ、強火で炒める。油がまわったら火を弱めて焦がさないようにゆっくり焼き色がつくまで炒める。トマトペーストを加えて炒め合わせる。

5

Ⓐを加えてひと煮立ちさせ、鍋肌に残った野菜をきれいに落として3の鍋に加える。

6

Ⓑとセロリの葉を加えて、強火にかける。

7

沸騰したらあくをすくい、弱火にして、蓋をずらしてのせる。ときどきあくをすくいながら5時間ほど煮込み、煮汁を半量ほどまで煮詰め、肉を取り出してこす。

8

肉は2cm厚さに切り、食べる直前に煮汁とともに小鍋で温める。味をみて、足りなければ塩を加える。器に盛って煮汁をかけ、付け合わせを添える。

布／トミタテキスタイル

牛すね肉のビール煮

ビールの苦みとよく炒めた玉ねぎの甘みが深い味わいを生む煮込みです。
フランドル地方の名物料理で、じゃがいもを添えるのが定番。ご飯にもよく合います。

材料（5～6人分）

牛すねかたまり肉		1kg
玉ねぎ		$2\frac{1}{2}$個
Ⓐ	ケチャップ	大さじ3強
	トマトペースト（→P.149）	15g
	黒こしょう（粒）	10粒
	コリアンダー（→P.150）	10粒
	クローブ（→P.150）	1本
	八角（→P.150）	$\frac{1}{8}$個
	ローリエ（→P.151）	1枚
	ビール	330mℓ
	ブイヨン	$1\frac{1}{2}$カップ
塩		小さじ$1\frac{2}{3}$
こしょう		適量
粗びき黒こしょう		適量
薄力粉		大さじ1
サラダ油		大さじ3
付け合わせ※：		
じゃがいも・さやいんげん		各適量

※塩ゆでし、こしょうをふる。

・長径25cm・容量3.2ℓの鍋を使用
・加熱時間：約3時間

洋 七條さんから

ビールは苦みの強い金色のピルスナー系のものが合います。少なめの煮汁でよく煮込むと、途中から苦みはコクに変わり、ぐっとおいしくなりますよ。炒めた玉ねぎも、味を作る大事な素材。焦がさないように、ゆっくり茶色くなるまで炒め、甘みをしっかり引き出しましょう。もともとはビールの生産量の多い、フランドル地方の料理。オランダ、ベルギー、フランスの国境付近に自然と根付いたそうです。

1

玉ねぎは縦半分にして7mm厚さに切る。牛すねかたまり肉は4cm角ほどに切る。

2

フライパンにサラダ油大さじ1を温め、**1**の玉ねぎを炒める。弱めの中火で、ゆっくり茶色くなるまで約30分炒める。

3

1の牛肉に均一に塩、こしょうをふり、薄力粉をまぶして、両手で持ち上げるようにして、全体にからめる。

4

別のフライパンにサラダ油大さじ2を熱し、**3**を強火で表面に焼き色がつくまで焼く。

5

肉を厚手の鍋に移し、**2**とⒶを加え、強火にかける。煮立ったらあくをすくい、弱火にして蓋をずらしてのせ、焦げないように、ときどき鍋底を静かに混ぜる。

6

煮詰まったらひたひたになる程度に水を足し、出たあくを取りながら、2時間半ほど煮る。器に付け合わせとともに盛り、粗びき黒こしょうをふる。

皿／Verre（ヴェール）　布／トミタテキスタイル

教えて！七條さん

プロに一歩近づく 肉料理の付け合わせ

シンプルな風味の「豚肉のポワレ」（→P.37）には、3種の付け合わせを添え、一緒に食べると味の変化が楽しめます。

濃厚な洋食の肉料理をおいしく食べ進むために欠かせないのが、名脇役である付け合わせ。シンプルにゆでる、またはソテーするといったものから、そのままワインのおつまみになってしまうような凝ったものまで、さまざまです。「地方料理によっては、この肉料理にこの付け合わせと、定番の組み合わせが決まっているものもありますが、基本的には特別なルールはありません。お好みで添えてください」と七條さん。今回教えていただいたのは、お店で人気の定番レシピばかりです。レストランの味をおうちでお楽しみください。

「ハンバーグステーキ」（→P.118）には彩りよく、さやいんげん、にんじん、ブロッコリーの黄金トリオなど。そして付け合わせの定番、ドフィノワを。

シンプルな温野菜

シンプルな温野菜も、実はこんなにバリエーションがあります。覚えておくとプロの味に一歩近づけます。

分量の目安：水１カップに対して、塩小さじ$\frac{1}{2}$、オリーブ油小さじ2

ボイル

野菜を適宜切って、塩とオリーブ油入りの湯でゆでて薄味をつけたもの。シンプルにゆでただけなので、ビーフシチューなど汁気の多い煮込み料理によく添えます。ほうれん草などの葉野菜は食べるたびに準備しますが、ごぼうやれんこんなど根菜はゆで汁に浸しておくと2～3日は日もちします。

分量の目安：水１カップに対して、バター・砂糖各大さじ$1\frac{1}{3}$、塩ひとつまみ

グラッセ

バターや砂糖、塩を入れた水で煮て、つやよく仕上げたもの。彩りのよいにんじんが付け合わせの代表格で、ほかには小玉ねぎ、かぶ、栗なども向いています。にんじんには甘い香りをつけるため、コリアンダーを加えて煮るのが七條流。メインの料理によってはクミンやローリエなどの風味もおすすめです。

分量の目安：さやいんげん５本に対して、バター小さじ1、にんにくのみじん切り小さじ$\frac{1}{3}$

あっさりソテー

フライパンにバターを溶かし、野菜を炒めて火を止め、にんにくのごく細かいみじん切りを加えてさっと和えます。いんげんやほうれん草など下ゆでが必要な野菜はボイルしてからソテーすることもあります。あっさりと仕上げたいので、にんにくは最後に和えるだけに。焦がさないように注意しましょう。豚肉、鶏肉のソテーなど淡泊な肉料理に。

分量の目安：じゃがいも１個に対して、バター小さじ2、にんにくのみじん切り小さじ$\frac{1}{2}$

しっかりソテー

サラダ油でソテーして取り出し、バターを溶かして軽く色づいたら、ソテーした野菜を戻してからめ、香ばしい風味をつけてにんにくのみじん切りを混ぜます。パセリやタイム、ローズマリーを加えることも。じゃがいもなど下ゆでが必要な野菜はあらかじめボイルしておきます。牛肉、鴨肉など野趣あふれる肉料理に添えられますが、鶏肉でも脂で煮るコンフィには必ずといっていいほど、この手法のじゃがいもを添えます。

分量の目安：りんご$\frac{1}{4}$個に対して、バター・砂糖各小さじ2

キャラメリゼ

バター、砂糖とともに炒め、フライパンをゆすりながら焼き色をしっかりつける手法。特にりんごは豚肉のソテーと好相性。ほかに玉ねぎやにんじんも向いています。甘くて濃厚なので鴨肉、羊肉など脂が多い肉やくせのあるものに合わせることが多く、ジビエにもよく添えられます。

ひと手間かけた野菜料理

付け合わせだけにしておくのはもったいないほどのおいしさ。
朝食やワインのおつまみにも、ぜひどうぞ。

じゃがいものピュレ

❶じゃがいもは皮をむいて4等分し、鍋にひたひたの水と塩を入れて火にかけてゆでる。じゃがいもが柔らかくなったらざるに上げて水気をきり、再び鍋に戻して強火にかけ、鍋をゆすって水分をとばす。
❷熱いうちに裏ごしし、バターを混ぜる。
❸牛乳を温め、❷に少しずつ加えてなめらかになるまで混ぜる。へらですくって落としたとき、形がぎりぎり保てる程度の柔らかさを目指す。堅ければ牛乳を足す。

材料（作りやすい量）
- じゃがいも……180g（1個）
- 塩……小さじ1弱
- バター……大さじ$3\frac{1}{3}$
- 牛乳……約80mℓ

なめらかな舌ざわりが身上。日もちしないので、
食べる分だけ作りましょう。

にんじんの甘みが引き出されたシンプルな一品です。
クミンの香りがアクセントに。

キャロットラペ

❶にんじんはせん切りにし、塩をして軽くもむ。
❷Ⓐを加えてまんべんなく混ぜ合わせ、10〜20分おく。味をみて足りなければ塩（分量外）でととのえる。食べる直前に再度混ぜる。

材料（作りやすい量）
- にんじん……250g（2本）
- 塩……小さじ1弱
- Ⓐ
  - オリーブ油……大さじ$3\frac{1}{3}$
  - レモン汁……大さじ1
  - クミン（シード。→P.150）……ふたつまみ

ドフィノワ

❶じゃがいもは皮をむいたあと洗わずに5mm厚さに切る。Ⓐとともに鍋に入れ、火にかけて柔らかくなるまで煮る。
❷耐熱皿に直径6cmのセルクル型を置き、平らに詰め、ミックスチーズをふってオーブントースターで焼き色がつくまで焼く。

材料（作りやすい量）
- じゃがいも……180g（1個）
- Ⓐ
  - 牛乳……120mℓ
  - バター……大さじ$1\frac{1}{3}$
  - 生クリーム……大さじ$2\frac{2}{3}$
  - にんにく（みじん切り）……$\frac{1}{3}$片
  - エシャロット（みじん切り。→P.148）……$\frac{1}{3}$個
  - 塩……ひとつまみ
  - こしょう……こしょうひき3回し分
  - ナツメグ（→P.150）……少量
- ミックスチーズ（溶けるタイプ）……40g

ステーキの付け合わせの定番。
でんぷん質を利用してねっとり仕上げます。

玉ねぎとじゃがいものスープ煮

❶じゃがいもは皮をむき、洗わずに2〜3㎜厚さの薄切りに、玉ねぎも同様に薄切りにする。
❷鍋にバターとにんにくを入れて弱火で熱し、❶の玉ねぎを透き通るまで炒める。
❸❶のじゃがいもを加えて中火で炒め合わせ、Ⓐを加えてじゃがいもが崩れかけるまで煮る。

材料（作りやすい量）
- じゃがいも……180g（1個）
- 玉ねぎ……50g（$\frac{1}{3}$個）
- バター……大さじ$1\frac{1}{3}$
- にんにく（みじん切り）……$\frac{1}{3}$片
- Ⓐ
  - 水……90mℓ
  - 白ワイン……大さじ$1\frac{1}{3}$
  - 鶏がらスープの素……小さじ$\frac{1}{3}$
  - 塩……ひとつまみ
  - タイム（乾燥。→P.151）……ひとつまみ

穏やかな味わいの鶏がらスープで控えめな味つけ。
ほろほろと崩れかけがおいしい。

紫キャベツのフランドル風

柔らかく、甘酸っぱいソースのような口あたり。
1〜2週間もつのでたっぷり作っても。

❶紫キャベツはせん切りにする。りんごは1㎝角に、玉ねぎはみじん切りにする。
❷鍋にラードを溶かし、弱火で❶の玉ねぎを透き通るまで炒め、❶のりんごを加えてやや柔らかくなるまで炒める。
❸❶の紫キャベツとⒶを加えて中火にし、ひと混ぜする。沸騰したら弱火にして蓋をし、紫キャベツが崩れない程度に柔らかくなるまで蒸し煮にする。

材料（作りやすい量）
- 紫キャベツ……800g（1個）
- りんご（皮と芯を除く）……320g
- 玉ねぎ……80g（$\frac{1}{2}$個）
- ラード（→P.146。またはサラダ油）大さじ4
- Ⓐ
  - 赤ワイン……$1\frac{1}{2}$カップ
  - 赤ワインビネガー（→P.146）……大さじ2
  - 砂糖……大さじ$3\frac{1}{3}$
  - 塩……小さじ1強
  - ブーケガルニ（→P.40）……1個

じゃがいもと長ねぎのわが家風サラダ

❶長ねぎは3㎝長さに切る。じゃがいもは皮をむいて一口大に切る。
❷鍋に湯を沸かして塩（分量外）を入れ、❶の長ねぎを柔らかくなるまでゆでて引き上げ、水気を拭く。
❸同じ湯で❶のじゃがいもをゆで、柔らかくなったらざるに上げて再び鍋に戻し、強火にかけて水分をとばす。
❹❸に❷を加え、温かいうちにⒶを加えてじゃがいもがつぶれないように混ぜ、冷まして味を落ち着かせる。

材料（作りやすい量）
- じゃがいも（メークイン）……400g
- 長ねぎ……200g
- Ⓐ
  - 赤ワインビネガー（→P.146）……大さじ1弱
  - オリーブ油……大さじ$2\frac{1}{3}$
  - 塩……小さじ2
  - こしょう……適量
  - クレイジーソルト※……適量

※岩塩にハーブやスパイスがバランスよく混ざったもの。肉、魚、野菜と幅広く使える。

和野菜も調味料次第で肉に合うサラダに。
長ねぎはゆでると甘みが増してポワロー風。

牛すじ肉と野菜の煮もの

「蒸す&煮る」ことで、すじ肉からだしがしっかり出て、野菜にしみ込んだ滋味豊かなスープ煮。
すっきりと澄んだスープが自慢。香味野菜たっぷりのピリ辛だれでいただきます。

材料（4人分）

	牛すじ肉	240g
	れんこん	160g
	大根	160g
	にんじん	160g
	しいたけ	160g
Ⓐ	水	3カップ
	しょうが（つぶす）	40g
	花椒《ホワジャオ》（→P.150。つぶす）	少量
	塩	小さじ$1\frac{2}{3}$
Ⓑ	紹興酒（→P.147）	小さじ1
	しょうゆ	大さじ2
	酢	大さじ2
	砂糖	大さじ1
	長ねぎ（みじん切り）	大さじ2
	しょうが（みじん切り）	小さじ2
	にんにく（みじん切り）	小さじ2
	ごま油	大さじ1
	飾り：花穂じそ	適量

脇屋さんから

本来は肉と野菜を土鍋に入れて蒸す料理ですが、家庭では土鍋が入る大きな蒸し器を用意するのは難しいので、蒸す代わりにゆっくりと煮上げます。弱火で静かに煮ましょう。煮始めるまでに、牛すじ肉のあくを除いてから蒸すひと手間がありますが、これこそが肉を柔らかく上品な風味にし、スープを雑味のない澄んだ味にする秘訣です。残った蒸し汁につけだれを加えると、スープとしていただけますよ。

1

牛すじ肉は5㎝角に切る。たっぷりの湯を沸かしてひとゆでしてざるに上げ、流水で洗ってあくを除く。

2

Ⓐと1の肉を耐熱ボウルに入れ、蒸気の上がった蒸し器に入れ、弱火で約1時間蒸す。蒸し汁もとっておく。

3

れんこん、大根、にんじんは一口大の乱切り、大根とにんじんは面取りをする。しいたけは軸を除いて半分に切る。

4

厚手の鍋に2のすじ肉と3を入れ、2でとっておいた蒸し汁$\frac{1}{2}$カップと水$4\frac{1}{2}$カップ、塩を入れて強火にかけ、沸騰したら弱火にして約1時間煮る。

5

ボウルにⒷを順に入れてそのつど混ぜ、つけだれを作る。4を器に盛り、花穂じそを散らしてつけだれを添える。

皿・ボウル／Verre（ヴェール）　布／トミタテキスタイル

皿・スプーン／Verre（ヴェール）　布／トミタテキスタイル

ビーフカレー

粉を一切使わず、野菜だけでとろみをつけたさらさらタイプのカレー。スパイスがほどよくきいていながら、まろやか。秘密は炒め玉ねぎと仕上げに加える調味料です。

材料（4人分）

- 牛ばらかたまり肉……300g
- 玉ねぎ……1個
- じゃがいも……1個
- にんじん……½本
- りんご……½個
- トマト……⅙個
- にんにく（みじん切り）……大さじ1
- しょうが（みじん切り）……大さじ1
- カレー粉（→P.151）……大さじ3⅓
- ケチャップ……大さじ1
- ブイヨン……2½カップ
- 塩……小さじ⅔
- Ⓐ
  - バター……大さじ1⅔
  - しょうゆ……大さじ1
  - チャツネ（→P.149）……大さじ1
  - ガラムマサラ（→P.151）……少量
  - ビーフコンソメの素……小さじ½
- サラダ油……適量
- ご飯（温かいもの）……800g

・直径22cm・容量3.3ℓの鍋を使用
・加熱時間：約2時間半

洋 七條さんから

子どもの頃、近所の喫茶店で食べたさらさらカレーが好きで、ルウにはもちろん、牛肉にも粉をつけません。野菜の自然なとろみのみ。カレーは香りが命。にんにくとしょうがは弱火でじっくり炒めて、油にしっかり香りをうつしてください。あくをすくうときに一緒にこの油を取り除かないように。深い味わいを生む炒め玉ねぎと仕上げの調味料は必ず用意しましょう。

仕上げに加える調味料。手前から時計回りにチャツネ、ガラムマサラ、しょうゆ、バター、ビーフコンソメの素。

1

玉ねぎは縦半分に切って3mm厚さに切る。牛ばらかたまり肉は3cm厚さに切る。フライパンにサラダ油大さじ1½を熱し、炒めて"炒め玉ねぎ"を作る（→P.78）。

2

じゃがいも、にんじんは薄切りに、りんごは皮を半分残して薄切りに、トマトは湯むきしてざく切りにする。にんじんとりんごは水1カップとともにミキサーでピュレ状にする。

3

フライパンにサラダ油小さじ1を熱し、**1**の牛肉を強火で焼き色がつくまで炒める。厚手の鍋に移す。

4

フライパンをペーパータオルできれいに拭き、サラダ油大さじ1⅔とにんにく、しょうがを入れて弱火にかけ、十分香りが出たら火を止めてカレー粉を加える。

5

焦がさないように均一に混ぜ、再び弱火にかけて香ばしい香りがするまで手早く炒める。焦げやすいので注意。

◀次ページに続く

6

トマト、ケチャップを加えて手早く炒め合わせる。焦げやすいので注意する。

7

3の鍋に移す。

8

2のにんじんとりんごのピュレ、じゃがいも、1の炒め玉ねぎ、ブイヨンを加えてざっくり混ぜる。

9

強火にかけて沸騰したら、あくだけをすくう。浮いている油まですくわない。蓋をしないで弱火で約$\frac{2}{3}$量になるまでときどき混ぜながら約2時間半煮る。

10

塩を加えて混ぜ、🅐を加えて火を止めて全体に混ぜる。味をみて足りなければ、塩を加える。器にご飯を盛ってかける。

おいしさの素は炒め玉ねぎ

バターや粉を使わず、味に深みを出すには、茶色くなるまでじっくり炒めた玉ねぎが必須。最初にしっかりと玉ねぎの水分を出し、その水分をとばしながらじっくり炒めます。時間はかかりますが、冷凍すれば約1か月はもつので、多めに作っておくと便利。市販のものもあります。肉の煮込みやスープ、ソースにも使うと甘みとコクがプラスされます。

❶フライパンにサラダ油大さじ$1\frac{1}{2}$を熱し、玉ねぎの薄切り1個分を中火でじっくり炒め、十分に水分を出す。

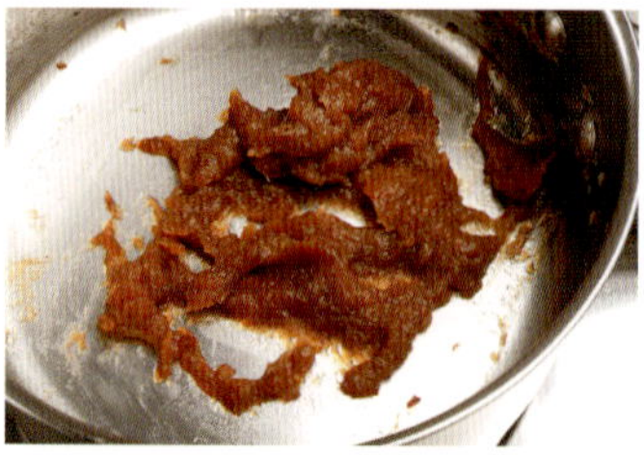

❷水分をとばすように弱火で茶色くなるまで炒めると、炒める前の$\frac{1}{4}$量ほどになる。写真はでき上がりの状態。炒め始めてから約1時間経過したもの。

鶏肉の料理

たんぱく質が豊富で脂肪が少ない鶏肉は、
味わいが淡泊で、アレンジしやすい食材。
ささ身のように低カロリーなものから、
手羽先のようにコラーゲンたっぷりのものまで、
部位によって、味わいも調理法も多彩です。
水分が多い鶏肉調理の極意はパサつかせないこと。
ささ身や胸肉までも
しっとり仕上げるコツを紹介します。

PART 3

焼く・炒める

茶碗／宙（荒賀文成）　皿／宙（木曽志真雄）

鶏もも肉の照り焼き

白いご飯が恋しくなる美しい照り。まさに照り焼きの王道をいく風味ですが、調理法はいたって簡単で、時間もかかりません。ぜひ自慢料理のひとつに。

材料（2人分）

鶏もも肉		250g（1枚）
ヤングコーン		2本
ししとう		4本
薄力粉		適量
Ⓐ	酒	90mℓ
	みりん	90mℓ
	しょうゆ	大さじ1
サラダ油		大さじ1

和 野崎さんから

強火で焼き色をつけ、中火で煮汁をからませるだけですが、注目したいのはたっぷりの酒とみりんの量。一緒にアルコール分が蒸発するので手早く煮えるうえ、肉の臭みもとびます。薄力粉を刷毛を使って、薄く均一につけると、全体にきれいな焼き色がつき、煮汁もからみやすくなります。ときどきフライパンを傾けて全体に浸るようにすると、まんべんなくからまりますよ。

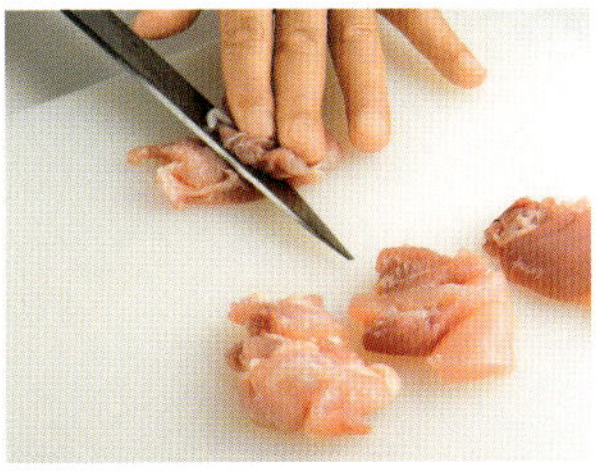

1

鶏もも肉は4cmほどの一口大にそぐように切る。Ⓐは合わせる。ししとうはヘタを切り落とす。

2

1の鶏肉に薄力粉を刷毛で払うように薄くつける。

3

フライパンにサラダ油を熱し、2を皮側から強火で焼く。焦げないようにときどき動かしながら、うっすら焼き色がついたら返す。

4

鶏肉から出た脂をペーパータオルで拭き取る。

5

中火にして合わせたⒶを加え、鶏肉にからませながら煮詰める。フライパンを傾けて、まんべんなくからませる。

6

少し煮詰まったら、ヤングコーンを加えてたれをからませる。泡が大きくなったら、ししとうを加えてさっとからませ、器に盛る。

鶏もも肉のピリ辛炒めレタス包み

ぷりぷりの鶏肉に野菜の歯ごたえが好相性。レタスに包み、一口でさまざまな食材、食感を味わうのが醍醐味です。彩りも美しくて、おもてなしにもぴったり。

材料（2人分）

- 鶏もも肉……120g（½枚）
- にんじん……40g
- セロリ……40g
- 干ししいたけ（もどす）……1個
- レタス……4〜5枚
- Ⓐ
  - 塩……ひとつまみ
  - こしょう……少量
  - 酒……小さじ1
  - とき卵……小さじ1
  - 片栗粉……ひとつまみ
  - サラダ油……小さじ1
- 豆板醤（→P.147）……小さじ½
- Ⓑ
  - 長ねぎ（みじん切り）……小さじ½
  - しょうが（みじん切り）……小さじ½
  - にんにく（みじん切り）……小さじ½
- 紹興酒（→P.147）……大さじ1
- Ⓒ
  - 酢……大さじ2
  - 砂糖……大さじ1½
  - しょうゆ……大さじ1
  - 水溶き片栗粉（水7：粉3）……大さじ1
  - 甜麺醤《テンメンジャン》（→P.147）……小さじ2
- Ⓓ
  - ごま油……少量
  - ラー油……少量
- サラダ油（油通し用）……適量
- 飾り：わけぎ（小口切り）……少量

脇屋さんから

肉は焼き縮むため、仕上がったときに野菜と肉の大きさが同じになるように野菜より大きめに切ります。鶏肉の分厚い部分は包丁を斜めにして切り目を入れ、開いて厚みを揃えましょう。鶏肉は調味料を含むほどに柔らかくなります。もみ込んでからできるだけ時間をおきたいので、先に下ごしらえをして、野菜の準備中は冷蔵庫に。野菜はほかに玉ねぎ、たけのこ、きのこ類がおすすめです。葉もの野菜は水っぽくなるので向きません。

1

鶏もも肉は分厚い部分を包丁で開き、1.5cm角に切ってボウルに入れ、Ⓐを順にもみ込む（漿《チャン》。→P.60）。冷蔵庫に入れておく。

2

しいたけは軸を切り落とし、にんじん、セロリとともに1cm角に切る。

3

レタスは緑色の部分が残るように、料理ばさみで丸く切る。Ⓒは合わせる。

4

サラダ油を低温（160℃）に熱し、1を入れてばらばらにほぐす。2を加えてざっと混ぜ、網じゃくしですぐ上げ、ざるに上げて油をきる。

5

フライパンにサラダ油小さじ1（分量外）を熱し、弱めの中火で豆板醤を炒め、香りが立ったらⒷを加えて香りが立つまで炒める。中火にして4を加え、手早く炒める。

6

紹興酒、Ⓒを順に加え、それぞれ炒め合わせる。鍋肌からⒹを回し入れてひと混ぜし、香りをつけ、レタスとともに器に盛ってわけぎを散らす。

大皿／Verre（ヴェール）　布／トミタテキスタイル

鶏もも肉のパン粉焼き

風味豊かな香草パン粉に、マスタードの甘酢っぱさがほどよくきいた一品。鶏肉はゆっくりソテーして柔らかく焼き上げてから、オーブントースターで焼き色をつけます。

材料（2人分）

鶏もも肉……………………………300g（1枚）

Ⓐ
- 塩……………………………小さじ1弱
- こしょう……………………………適量
- ガーリックパウダー（→P.151）……………………………ひとつまみ
- タイム（乾燥。→P.151）‥ひとつまみ
- オリーブ油……………………小さじ1

Ⓑ
- パン粉……………………………50g
- パセリ（みじん切り）…………大さじ1
- にんにく（みじん切り）………大さじ½
- セージ（乾燥。→P.150）……小さじ1
- タイム（乾燥。→P.151）……小さじ⅔
- オリーブ油……………………大さじ1

マスタード…………………………大さじ1½

サラダ油……………………………小さじ½

付け合わせ：

玉ねぎとじゃがいものスープ煮※……適量

※P.73を参照して作る。作り方3でⒶとともにタイム少量（生。→P.151。分量外）を加える。

洋 七條さんから

鶏もも肉は蓋をして蒸し焼きにすると、蒸気が回って中まで火が通りやすくなります。その際、火加減は弱火で。火が強いと堅くなりやすく、外が焦げて中が生ということになりかねません。また皮側から焼くと、皮がクッションになって身に間接的にやさしく火が入り、柔らかく焼き上がります。マスタードはたっぷりがおすすめ。のりの役目もして、パン粉がしっかりつきます。手で触ってはがれないように、竹串を刺して起こしましょう。

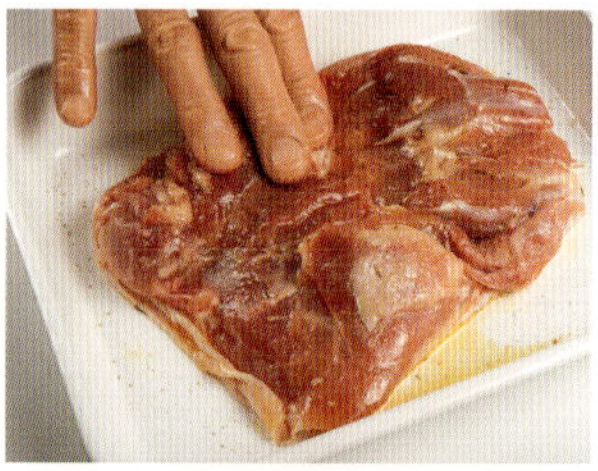

1

鶏もも肉は身側からⒶを順にふり、手でなじませる。身側にしっかりとふり、皮側は軽めでよい。

2

フライパンにサラダ油を熱し、中火で1を皮側から焼く。フライパンが温まったら弱火にし、蓋をして蒸し焼きにする。強火にすると焦げてしまうので注意。

3

身側が全体に白っぽくなるまでじっくりと約8分焼き、返して蓋をせずに約2分焼く。

4

バットにⒷを入れて均一に混ぜ、広げる。3の皮側にマスタードを塗る。塗った面を下にしてバットにそっとのせ、軽く手で押してつける。

5

肉の端に竹串を刺して、パン粉がはがれないようにそっと起こし、オーブントースターの受け皿にのせる。

6

14〜15分、表面に焼き色がつくまで焼く。皿に付け合わせを敷いてその上に盛る。

皿／Verre（ヴェール）

●煮る・蒸す

皿／Verre（ヴェール）

棒棒鶏

バンバンジー

中国料理の前菜といえば誰もが思い浮かべる一品。冷製なのに鶏肉が驚くほど柔らかなのは、余熱調理のおかげ。添えるきゅうりも技ありです。

材料（4人分）

	鶏もも肉	250g（1枚）
	きゅうり	1本
	塩	適量
	ごま油	少量
A	水	$2\frac{1}{2}$カップ
A	塩	大さじ1
A	紹興酒（→P.147）	大さじ1
A	花椒《ホワジャオ》（粒。→P.150）	10粒
A	長ねぎ※1	$\frac{1}{3}$本
A	しょうが※1	$\frac{1}{2}$かけ
B	芝麻醤《ジーマージャン》※2（→P.147）	大さじ4
B	砂糖	大さじ2
B	しょうゆ	大さじ2
B	酢	大さじ1
B	長ねぎ（みじん切り）	大さじ3
B	しょうが（みじん切り）	小さじ1
B	ラー油	大さじ1～2
B	ごま油	小さじ1

※1　長ねぎは2等分して縦半分に切り、しょうがとともにつぶす。
※2　入手が困難な場合、香ばしさが弱くなるが、日本の白練りごまでも可。

1

鶏もも肉は全体に塩小さじ$\frac{1}{2}$をふって10分ほどおき、ペーパータオルで軽く水気を拭いて深めの耐熱ボウルに入れる。

2

Aを合わせてひと煮立ちさせ、1に注ぐ。蒸気の上がった蒸し器で約6分蒸し、火を止めて蓋をしたまま約4分おく。

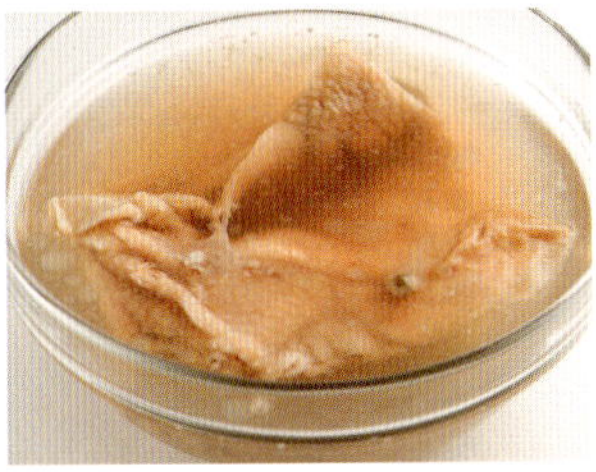

3

蓋を取ってゆっくり冷まし、蒸し汁ごと冷蔵庫で冷やす。別のボウルにBを順に入れてそのつど混ぜ、ごまだれを作る。ラー油の量は好みで調整する。

4

きゅうりは皮をむいてラップの芯や麺棒で数回軽くたたいて割り、食べやすい大きさに切る。

5

塩ひとつまみ、ごま油をからめる。

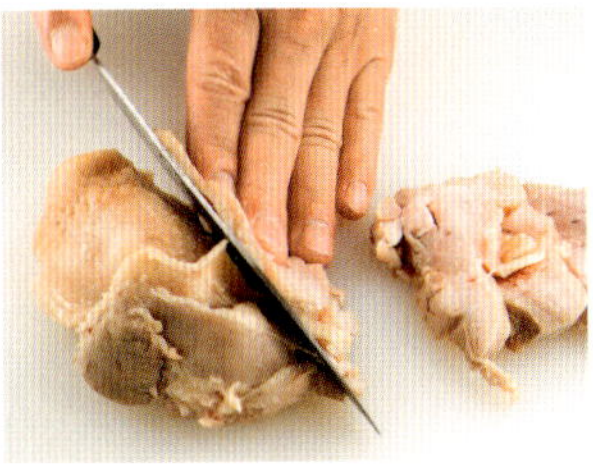

6

3の鶏肉をそぎ切りにしてから細く切り、5とともに器に盛ってごまだれをかける。

中 脇屋さんから

鶏肉は蒸してから余熱でゆっくり火を通すので、冷めてもしっとり柔らかく仕上がります。「棒棒鶏」といえばきゅうりが付きものですが、きゅうりは切っただけでは水分が出やすく、たれもしっかりからみません。麺棒などで全体を何回かたたき割ってから、切りましょう。そこに塩とごま油をからめておくと、盛りつけてから水っぽくならず、最後までおいしくいただけます。

鶏もも肉のバスク風煮込み

パプリカ、ピーマンとトマトで煮るバスク地方の名物煮込み。素材の水分だけで煮る濃厚な風味が持ち味。パプリカの甘みに、赤ワインビネガーの酸味がアクセントになり、引き締まった味に。

材料（4人分）

鶏もも肉 …………… 500g（2枚）

Ⓐ
- 塩 ………………… 小さじ1強
- こしょう ………………… 適量
- ガーリックパウダー（→P.151）…… ひとつまみ
- タイム（乾燥。→P.151）………………… ひとつまみ
- オリーブ油 ………… 小さじ2

玉ねぎ ………………………… 1½個

パプリカ（赤）……………… 1½個

パプリカ（黄）………………… 1個

ピーマン ………………………… 3個

にんにく（みじん切り）‥ 大さじ1

赤唐辛子 ……………………… 少量

Ⓑ
- トマト（湯むきして種を取ったもの）‥ 180g
- トマトペースト（→P.149）……………… 小さじ1

Ⓒ
- エストラゴン（酢漬け。→P.149）…… 小さじ⅔
- 赤ワインビネガー（→P.146）……………… 小さじ1

オリーブ油 ……………… 大さじ4

塩 ………………………… 小さじ½

付け合わせ：

パスタ（幅広のもの）※ … 120g

※ゆでて生クリーム大さじ4、カレー粉小さじ½、塩適量で和える。

・直径20㎝・容量2.4ℓの鍋を使用

・加熱時間：約30分

洋　七條さんから

肉の汚れやあくが残っているとえぐみが出るので、焼いた肉の脂はペーパータオルで素早くきちんと拭き取りましょう。時間が経つと、旨みを含んだ肉汁まで出てしまうので、早めに拭いてください。ピーマンやパプリカは煮すぎると、色も悪くなり、崩れてしまいます。形が残る程度にし、甘み、香りを生かしましょう。

1

玉ねぎ、ピーマン、パプリカは縦半分に切って1㎝幅に切る。赤唐辛子は種を取って1㎝幅に切る。エストラゴンは葉を茎から外して刻む。

2

厚手の鍋にオリーブ油大さじ3とにんにく、**1**の赤唐辛子を入れて弱火にかける。香りが出たら玉ねぎを加えて炒める。油がからんだら、塩をふって蓋をし、蒸しながら炒める。

3

焦げないようにときどき混ぜ、玉ねぎの水分がしっかり出たら、蓋を取って薄く色づくまで炒める。

4

鶏もも肉は半分に切り、身側からⒶを順にふって手でなじませる。皮側には薄めにふる。

5

フライパンにオリーブ油大さじ1を熱し、強火で皮側から焼く。焼き色がついたら返して同様に焼く。

6

バットに取り出し、汚れやあくの出た脂を素早くペーパータオルで拭き取る。

7

3の鍋に**1**のパプリカとピーマンを加え、油をからませるように炒め、Ⓑを加えて炒め合わせる。蓋をしてパプリカが少しくたっとしたら、Ⓒを加えて均一に混ぜる。

8

6を加えてざっくり混ぜ、蓋をして15〜20分煮て、付け合わせとともに器に盛る。最後に煮汁をかける。

 皿／Verre（ヴェール）

鶏手羽元ときのこの煮込み

コラーゲンたっぷりで楊《よう》貴《き》妃《ひ》が愛したという伝説の味。鶏手羽の旨み、きのこの風味、焦がした砂糖のコクが絶妙のバランス。

材料（3〜4人分）

鶏手羽元……………………12本
エリンギ……………………100g
しいたけ……………………80g
ゆでたけのこ………………80g
砂糖…………………………大さじ8
Ⓐ 紹興酒（→P.147）…………大さじ1
Ⓐ しょうゆ…………………120mℓ
Ⓐ 水…………………………3カップ
水溶き片栗粉（水1：粉1）…………大さじ1
サラダ油（油通し用）………適量
Ⓑ ごま油……………………少量
Ⓑ ねぎ油（→P.129）………少量
飾り：山椒の葉………………適量

1 フライパンにサラダ油小さじ2（分量外）を熱し、鶏手羽元の表面に焼き色がつくまで強火で焼く。

2 エリンギ、たけのこは短冊切りに、しいたけは軸を取って半分に切る。油通し用のサラダ油を熱し、高温（190℃）で2秒ほど油通しする（→P.61）。

3 深めのフライパンに砂糖を入れ、弱火にかけて混ぜながら色づくまで煮詰め、薄茶色のカラメル状にする。

4 Ⓐを加えてひと煮立ちさせる。1を加え、落とし蓋をして弱火で約10分煮、2を加えてさらに約10分煮る。

5 煮汁が少なくなってきたら、水溶き片栗粉を少しずつ加えてよく混ぜる。とろみがついたら鍋肌からⒷを回し入れ、香りをつけて器に盛り、山椒の葉を散らす。

脇屋さんから

本来はコラーゲンが最も多い手羽先で作る料理ですが、今回は肉のボリュームがある手羽元で作りました。鶏手羽は全体にゼラチン質が多く、煮込むほどに料理全体に広がり、とろりと口あたりがよくなり、旨みが広がります。それにつやとコクをプラスするのはカラメル。プリンに使うほど焦がす必要はありません。薄茶色になるまで砂糖を煮詰めてください。

皿／Verre（ヴェール）

丸ごと一羽のしょうゆ鶏

鶏を丸ごと蒸して煮込んだご馳走料理で、集いの場でのサプライズ効果も抜群。一度にスープとメインができるのも魅力です。

材料（5〜6人分）

- 丸鶏（小）……1羽
- 漬け汁
  - Ⓐ
    - しょうゆ……1ℓ
    - 砂糖……大さじ1
    - 長ねぎ（5cm長さに切る）……1本
    - しょうが（大。つぶす）……2かけ
    - にんにく（つぶす）……3片
    - 赤唐辛子……2本
- Ⓑ
  - 長ねぎ（5cm長さに切る）……$1\frac{1}{2}$本
  - しょうが（大。薄切り）……2かけ
  - 花椒《ホワジャオ》（粒。→P.150）……小さじ$\frac{1}{2}$
- Ⓒ
  - 鶏がらスープ……2ℓ
  - 塩……小さじ2
  - こしょう……少量
- くこの実（あれば）……大さじ2
- 松の実（あれば）……大さじ1

1 丸鶏は流水でよく洗う。中に残っている血のかたまりもきれいに取り除き、水気をしっかり拭く。

2 大きめのボウルにⒶを合わせ、**1**を30分漬ける。汁気をきって中にⒷを詰め、竹串で縦に縫うようにしてとじる。

3 腹側を上にして器に入れ蒸気の上がった蒸し器で30分蒸す。

4 鍋にⒸを入れて沸かし、**3**の肉を加えて弱火で約20分煮る。くこの実と松の実を散らしてそのままテーブルへ。

中 脇屋さんから

蒸してから煮るので、身が骨からホロホロと、すぐに外れるほど柔らかくなります。スープにもしっかり鶏の旨みが出るので、まずスープを飲み、肉を食べて、締めにスープを炊きたてのご飯にかけるのがおすすめ。香味野菜入りの漬け汁は、鶏手羽の炊き込みご飯（→P.92）にも使えます。

鶏手羽の炊き込みご飯

手羽先の旨みがご飯にたっぷりしみ込んで、
お代わり必至の炊き込みご飯。
隠し味のバターがコク出しに一役買っています。
土鍋で炊くのが苦手な方は炊飯器でも。

材料（4～6人分）

鶏手羽先……………………8本
米……………………………480g
漬け汁（→P.91）……………$\frac{1}{4}$量
水…………………………$2\frac{1}{2}$カップ
Ⓐ 漬け汁（手羽先を漬けたもの）………大さじ$3\frac{1}{3}$
　 バター…………大さじ$3\frac{1}{2}$
　 にんにく（すりおろす）…………小さじ2

鞍馬山椒のつくだ煮※（好みで）……………少量
飾り：山椒の葉…………適量

※実山椒をしょうゆで煮たつくだ煮。京都・鞍馬の名産品。

1 米はといでざるに上げ、40分おく。

2 鶏手羽先の関節部分に包丁を入れて切り離す。このレシピでは先の部分は使っていないが、一緒に漬けて炊き込んでもよい。

3 保存袋に漬け汁と**2**を入れて30分漬ける。汁気を軽く拭く。漬け汁はとっておく。

4 土鍋に**1**を入れて水とⒶを加え、全体を混ぜて**3**の手羽を並べる。

5 強火にかけ、沸騰したら弱火にして15分炊く。鞍馬山椒のつくだ煮を加えて蓋をし、5分蒸らして山椒の葉を散らす。

中 脇屋さんから

手羽先はじっくり加熱すると、骨から旨みが出るので炊き込みご飯にも向きます。これは上海の家庭料理で「安い・おいしい・簡単」と三拍子揃った優秀料理です。味のアクセントが山椒。個人的に好きな鞍馬山椒のつくだ煮を加えました。また漬け汁は丸ごと一羽のしょうゆ鶏（→P.91）の漬け汁と同じ配合です。このほか豚肉の炒めものや、スープのたれなどに使えます。ひと煮立ちさせておけば、冷蔵庫で約20日もちます。

親子丼

煮汁にとろみをつけた新感覚の親子丼。
ご飯がつゆでふくらんで
水っぽくなることなく、
鶏肉の旨みとご飯の甘さが
口の中でひとつに。
なるほど納得の新テイストです。

材料（2人分）

鶏もも肉	250g（1枚）
長ねぎ	80g（1本）
わけぎ（または青ねぎ）	3本
とき卵	2個分
Ⓐ しょうゆ	大さじ2
Ⓐ みりん	大さじ2
Ⓐ 水	180mℓ
水溶き片栗粉（水2：粉1）	大さじ1
ご飯（温かいもの）	2杯分

1 鶏もも肉は3cm角に切り、ざるに入れて熱湯に浸し、菜箸でさっとほぐす。うっすら白くなったら、冷水にとって汚れやあくを水で洗う。

2 長ねぎは斜め切りに、わけぎは6cm長さに切る。

3 小さめのフライパン（鶏肉が浸る程度）に**1**とⒶを入れて中火にかける。沸騰したら鶏肉を取り出す。

4 **3**のフライパンに**2**を加え、柔らかくなったら、**3**の鶏肉を戻し入れる。

5 味がからんだら水溶き片栗粉を加えて混ぜ、とろみをつけ、とき卵を半量回し入れる。半熟状になったら残りを回し入れて火を止め、蓋をして2～3分蒸らす。

6 器2つにご飯を盛り、**5**を半量ずつそっとのせる。

和 野﨑さんから

親子丼は具をのせるとご飯がつゆを吸って、ご飯本来のおいしさが損なわれるのが気になっていました。それを解決するのが、とろみ。とろみをつけると、つゆはご飯のまわりにからむだけで、しみ込みません。具とご飯が口の中で一緒になるおいしさを味わってください。途中で鶏肉をいったん取り出すのは、堅くしない大事なコツです。

器／宙（荒賀文成）

教えて！　野崎さん

鶏もも肉で
簡単鶏だしとゆで鶏レシピ

鶏だしは鶏がらを何時間も煮込んでとるものだと思っていませんか？　実は鶏もも肉1枚と昆布だけ、しかも20分でとれるそうです。「食べておいしい部位だから、だしだっておいしくとれます。鶏肉はブロイラーで十分ですよ」と野崎さん。このだしは汁ものに、麺類に、煮ものにとさまざまな料理に使えて便利。だしをとったあとのゆで鶏も、おいしい一品になります。

鶏だしのとり方

材料（でき上がり約1ℓ分）

鶏もも肉……………………250g（1枚）

昆布（10×15cm）………………… 1枚

水………………………………………1ℓ

1

鶏もも肉は熱湯にさっとくぐらせ、冷水にとり、汚れやあくを取る。

2

1の鶏肉と昆布、水をすべて鍋に入れて中火にかける。

3

80℃になったら弱火にし、20分この温度をキープする。昆布と鶏肉を取り出す。ざるにペーパータオルを敷いてこす。

ブロッコリーの和風ポタージュ

野菜の甘みと鶏だしの旨みが絶妙のコンビネーション。
全身にすーっとしみわたる、滋養に富んだ体にやさしいスープです。

❶じゃがいもは1cm角に切る。ブロッコリーは小房に分ける。
❷❶のじゃがいもと鶏だしを鍋に入れて中火にかけ、沸騰したら弱火にしてじゃがいもが柔らかくなるまで煮る。
❸❶のブロッコリーを加え、柔らかくなるまで煮る。
❹❸の具のみをフードプロセッサーでなめらかにし、❸の鍋に戻して🅐を加え、火にかける。ひと煮立ちさせたらゆで鶏を加えて温め、器に盛る。

材料(2人分)
- じゃがいも……100g
- ブロッコリー……70g
- 鶏だし(→P.94)……2カップ
- 🅐
  - 塩……小さじ$\frac{2}{3}$
  - 薄口しょうゆ……小さじ$\frac{1}{2}$
- ゆで鶏(だしをとったあとのもの)……2切れ

簡単鶏だしでクッキング

和風ラーメン

鶏だしにかつお節を加えるダブルスープ。
ピリッとした辛みがきいて
中華麺にもしっかりからみます。

❶しいたけは軸を取り、🅐の材料とともに鍋に入れてひと煮立ちさせる。しいたけを取り出して煮汁を別の鍋にこし入れる。
❷長ねぎは5cm長さの斜め切り、にらは5cm長さに切る。❶のしいたけとともに❶の煮汁の入った鍋に入れ、🅑を加えて火にかける。
❸別の鍋にたっぷりの湯を沸かし、中華麺をゆでて器に盛る。
❹❷がひと煮立ちしたら❸に注ぎ入れ、ゆで鶏、青じそ、もみのりを添える。

材料(2人分)
- 中華麺(生)……2玉
- 長ねぎ……1本
- にら……3本
- しいたけ……2個
- 🅐
  - 鶏だし(常温。→P.94)……3カップ
  - かつお節……5g
  - 薄口しょうゆ……大さじ$2\frac{2}{3}$
  - 酒……大さじ$1\frac{1}{3}$
- 🅑
  - ごま油……小さじ1
  - 豆板醤(→P.147)……小さじ$\frac{1}{2}$
- ゆで鶏(だしをとったあとのもの)…4切れ
- 青じそ……4枚
- もみのり……適量

だしをとったあとのゆで鶏で1品

ゆで鶏の棒棒鶏《バンバンジー》風

80℃でだしをとったあとのゆで鶏は、
柔らかくて弾力もあり、おいしくいただけます。

❶🅐は小鍋に合わせて煮立たせる。白すりごまはすり鉢でペースト状にすり、🅐と砂糖を加えて、ごまだれを作る。
❷野菜はすべて5cm長さの細切りにする。
❸ゆで鶏は食べやすい大きさに手で裂き、器に盛る。❶のごまだれをかけ、❷の野菜を添える。

材料(2人分)
- ゆで鶏(だしをとったあとのもの)……1枚
- きゅうり(皮をむく)……$\frac{2}{3}$本
- にんじん……$\frac{1}{6}$本
- 長ねぎ……$\frac{1}{4}$本
- ごまだれ
  - 🅐
    - しょうゆ……大さじ1
    - みりん……大さじ1
    - 酢……大さじ1
  - 白すりごま……大さじ5
  - 砂糖……小さじ2

ポタージュの器/宙(土井善男)　ラーメンの器/宙(長森 慶)　ゆで鶏の器/宙(鈴木正彦)

●揚げる

鶏もも肉のから揚げ

余熱調理でじんわり火が入るから、中はびっくりするほど柔らかくジューシー。2分揚げ→3分おく→1分半揚げる。この法則で驚くほどおいしく仕上がります。

材料（2人分）

- 鶏もも肉……250g（1枚）
- Ⓐ
  - 薄口しょうゆ……大さじ2
  - 酒……大さじ1
  - にんにく（すりおろす）……小さじ$1\frac{1}{2}$
  - しょうが（すりおろす）……小さじ1
- 片栗粉……適量
- 揚げ油……適量
- 付け合わせ
  - 大根・セロリ……各50g
  - にんじん……20g
  - 甘酢※
    - 酢……大さじ2
    - 水……大さじ2
    - 砂糖……大さじ1
    - 塩……小さじ$\frac{1}{2}$
- レモン（1cm厚さの輪切り）……1枚

※甘酢の材料は小鍋に入れてひと煮立ちさせる。

和 野﨑さんから

鶏肉の中まで火を通すには、余熱調理が最適です。一度揚げたあと、しばらくおくことでじんわり火が入り、二度目は表面のみをからりと揚げれば柔らかく、ジューシーな仕上がりに。下味はしっかりもみ込めば、味がきちんと入るので漬けおきせず、すぐに絞ってください。付け合わせにはシャキシャキと歯ごたえのある野菜の甘酢漬けを添えました。揚げものと交互にいただくと、さっぱりしてどんどん食べられます。

1

鶏もも肉は一口大に切る。付け合わせの野菜は短冊切りにし、1.5%の塩水（分量外）に10分浸して手でもむ。しんなりしたら水気を絞り、甘酢に浸す。

2

ボウルにⒶを合わせ、鶏肉を入れて手でしっかりともみ込む。もみ込んだら時間をおかずに汁気をしっかり絞る。

3

揚げ油を熱し始める。2に片栗粉を刷毛ではらうように薄くつける。

4

170℃の油で2分揚げる。

5

いったん揚げ網に取り出し、3分おいて中まで火を通す。

6

揚げ油を180℃に上げ、1分半こんがりと色づくように揚げる。器に付け合わせとともに盛り、レモンを半分に切って添える。

油淋鶏

ユーリンジー

誰もが好きな〝チャイニーズから揚げ〟。
酸味と苦みがきいたグレープフルーツ入りのたれでいただくと、
さっぱりしていくらでも食べられます。

材料（4人分）

	鶏もも肉	500g（2枚）
	塩	ひとつまみ
	こしょう	少量
	片栗粉	適量
Ⓐ	砂糖	大さじ$2\frac{2}{3}$
Ⓐ	しょうゆ	大さじ$2\frac{1}{3}$
Ⓐ	酢	大さじ1
Ⓐ	リーペリンソース※	大さじ$\frac{1}{2}$
Ⓐ	グレープフルーツの絞り汁	大さじ2
Ⓐ	長ねぎ（みじん切り）	20g
Ⓐ	しょうが（みじん切り）	10g
Ⓐ	セロリ（みじん切り）	20g
Ⓐ	パセリ（みじん切り）	10g
Ⓐ	ごま油	大さじ$\frac{1}{2}$
Ⓑ	エシャロット（→P.148。みじん切り）	少量
Ⓑ	花穂じそ（花のみ）	少量
	グレープフルーツ（皮をむく）	8〜10房
	揚げ油	適量

※イギリス・ウースター市発祥でいわゆるウスターソース。リーペリンはウスターソースの生みの親に因んだ社名。日本のウスターソースより辛みがあり、さらさらしている。手に入らないときは日本のもので代用可。

1

ボウルにⒶを順に加えて混ぜ、たれを作る。ごま油は最後に入れると均一に混ざる。

2

揚げ油を熱し始める。鶏もも肉に塩、こしょうをふって片栗粉を薄くまぶし、余分な粉は落とす。

3

揚げ油が160℃になったら、**2**を入れてゆっくり揚げる。

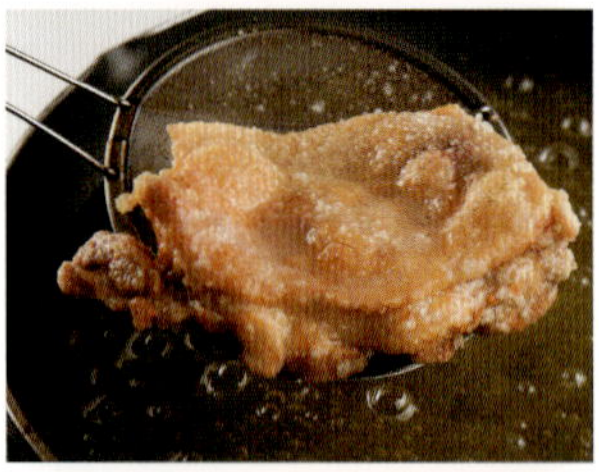

4

沈んでいた肉が浮き上がってくる寸前で、色がつく前に引き上げる。

5

揚げ油を180℃に上げ、**4**を戻し入れて焼き色がつくまで1分ほど揚げる。油をきって約2cm幅に切る。器に盛って、**1**をかけ、グレープフルーツを添えて、Ⓑを散らす。

中 **脇屋さんから**

カリカリッと仕上げるため二度揚げしましょう。初めは低温でゆっくり火を通して肉の余分な水分を出し、8割程度火を入れます。2度目に揚げるまでには、余熱でほぼ火が入るので、2度目は高温で素早く揚げて外側をカリッとさせるだけ。揚げものをすっきり風味に仕上げてくれるのが柑橘系のたれ。なかでもグレープフルーツは酸味に加えて苦みもあり、たれが複雑な味わいになるのでおすすめです。

鶏もも肉のコンフィ

低温の油でじっくり煮るコンフィは、フランスの伝統的な料理。本来はコクと風味が豊富な豚の背脂を溶かして煮ますが、家庭でも作りやすいようにサラダ油を使います。

材料（2人分）

鶏もも骨付き肉……480g（2本）

Ⓐ
- 塩……小さじ1⅓
- こしょう……適量
- にんにく（みじん切り）……2片

Ⓑ
- タイム（生。→P.151）……1枝
- にんにく（つぶす）……1片
- ローリエ（→P.151）……1枚
- サラダ油※1……約1ℓ

赤ワインビネガー（→P.146）……小さじ½

タイム……1枝

付け合わせ※2：しいたけ・エリンギ

新じゃがいも……各適量

※1　少しラード（→P.146）が入ると、よりおいしい。

※2　P.71のしっかりソテーを参照して作る。じゃがいもはあらかじめゆでておく。

・加熱時間：約50分（下準備は前日）

洋 七條さんから

コンフィは油の温度を一定に保つことが大切なので、温度計を使いましょう。最初に100℃まで熱し、火を止めて鶏肉を入れると80～90℃になります。その後80℃より下がったら火をつけて温度を調整してください。自然に温度が下がってしまう分には、火をつければいいのですが、高すぎると旨みが抜け、肉が堅くなりパサついてしまうので注意しましょう。

●保存方法と油の処理

じっくり油で煮た鶏肉は煮た油に浸しておけば約1か月もちます。油は繰り返し使えるので捨てないで！

作り方3で油の粗熱が取れたら、鶏もも肉を保存容器に移し、油の上澄みのみ静かにすくって上からかけるように注ぐ。蓋をして冷蔵庫で保存する。この油には鶏肉の旨みが移っているので、野菜や肉類のソテーや揚げものに使用するとおいしい。

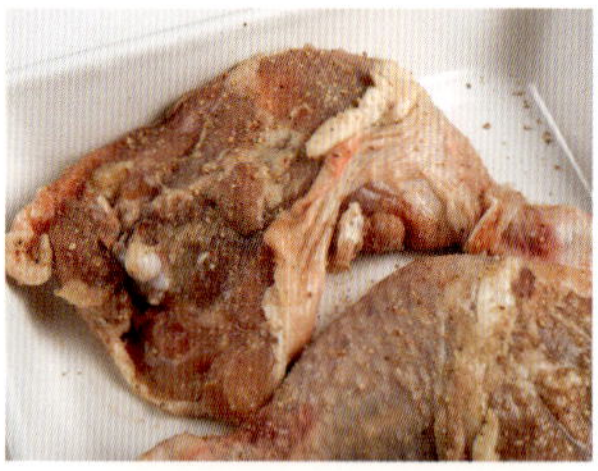

1

【前日】鶏もも骨付き肉は身側からⒶを順にふり、なじませるようにもみ込んで一晩おく。皮側は少なめに、分厚い部分には多めにふる。

2

【当日】厚手の鍋にⒷを入れて火にかけ、100℃になったら1を入れる。80～90℃を保ちながら40～50分油の中で煮る。温度が上昇しないよう注意。

3

肉に竹串がすっと入って抜けたら、火が入った証拠なので取り出す。ボウルに上部の澄んだ油を取り出す。

4

鍋底にたまった油は肉汁を含んでいるので、別のボウルにこし入れて氷水に当てて冷やす。さらに冷蔵庫で冷やして油と肉汁を分離させる。

5

これが油と肉汁が完全に分離した状態。下の茶色い部分が肉汁で、ソースに使用する。残りは3で取り出した油と同様に使える。

6

フライパンに3の油をレードル1杯分入れ、中火にかけて温め、3の鶏肉を皮側のみ焼く。緑に焼き色がついたら、火を止めて網に取り出し、油をきる。フライパンの油を捨ててきれいに拭く。

7

フライパンが熱いうちに赤ワインビネガー、5の茶色の肉汁全量、タイムを入れて香りをつけてソースにする。6を付け合わせとともに器に盛りソースをかける。

皿・カトラリー・グラス／Verre（ヴェール）

教えて！脇屋さん

肉の香味アップ
驚きの「野菜床」パワー

「肉を野菜床の中に入れておくと、雑味が取れて旨みが増すんですよ」と脇屋さん。ヤサイドコ？　聞きなれないフレーズなので聞き直すと、野菜のくずを発酵させ、ぬか床のようにしたもので、肉を漬け込むのだとか。どんな肉もどんな魚介も、そしてなんと野菜までも漬けておくだけでおいしくなるという、ミラクルな漬け床とは、どんなものなのでしょう？　早速〝教えて！　脇屋さん〟をスタート。

野菜床ってなあに？

野菜床に特別な材料はいりません。おなじみの香味野菜と、にんじんの皮やら、しいたけの軸やらセロリの葉、だしをとったあとの昆布といった、ふだんの料理で出る野菜などの廃棄部分にフルーツを加え、スパイスと塩を加えて作ります。塩分によって肉からは余分な水分が抜け、発酵した野菜やフルーツから出る旨みやエキスが肉に含まれ、柔らかさも増し、深い味わいが生まれます。しっとり柔らかく仕上がるので、パサつきがちな鶏胸肉のから揚げもおいしく作れます。

野菜床を作る

❶Ⓐは適宜切ってフードプロセッサーで粗みじんに刻む。オレンジは皮ごと5㎜厚さの輪切りにする。

❷ボウルに❶を入れてⒷを加えて混ぜる。

❸保存容器に入れて冷蔵庫で一晩おく。写真は一晩おいたもの。

オレンジ　りんご

しょうが、にんにく

花椒《ホワジャオ》（粒）、八角、赤唐辛子

野菜の皮や芯と玉ねぎ、だしをとったあとの昆布

塩

材料（1.5ℓの保存容器1個分）

Ⓐ
- 野菜の皮や芯など廃棄する部分（にんじん、しいたけ、セロリ、昆布など）※……160g
- にんにく……100g
- しょうが……100g
- 玉ねぎ……75g
- 長ねぎ（青い部分）……50g
- りんご……1個

オレンジ（ワックスのかかってないもの）……1個

Ⓑ
- 花椒《ホワジャオ》（粒。→P.150）……小さじ2
- 八角（→P.150）……2個
- 赤唐辛子……8本
- 塩……40g

※ここではにんじんの皮60g、しいたけの軸 20g、セロリの葉40g、だしをとったあとの昆布40gを使用。
＊適宜漬ける肉は用意する。ここでは鶏もも肉1枚。

鶏肉の部位別漬け時間&おすすめ料理

- **もも肉**・・・・・・・・・・・・・・・・・**1時間**
（ハム、オーブン焼き、チャーハン、スープ）
- **手羽元・手羽先**・・・・・・**1時間**
（鍋もの、スープ、オーブン焼き、ソテー、揚げもの）
- **胸肉**・・・・・・・・・・・・・・・・・**30分**
（から揚げ、サラダ、炊き込みご飯、ソテー）

＊表示時間より長く漬けると塩分が入りすぎるので注意。

野菜床から取り出してオーブンで焼くだけ。
表面はカリッと香ばしく、噛むとじゅわっとジューシー。

鶏肉の香味焼き

鶏もも肉は野菜床に1時間漬ける。取り出してさっと洗い、ペーパータオルで水気を拭き取り、180℃のオーブンで約15分焼く。一口大に切って器に盛り、ピックを刺す。

野菜床に漬ける

❹鶏もも肉は厚い部分に包丁を斜めに入れて、厚みを均等にする。野菜床を適宜取り出して鶏肉を入れ、上から野菜床で覆って約1時間冷蔵庫におく。

野菜床から取り出す

❺取り出した肉は表面をさっと洗い、水気を拭く。

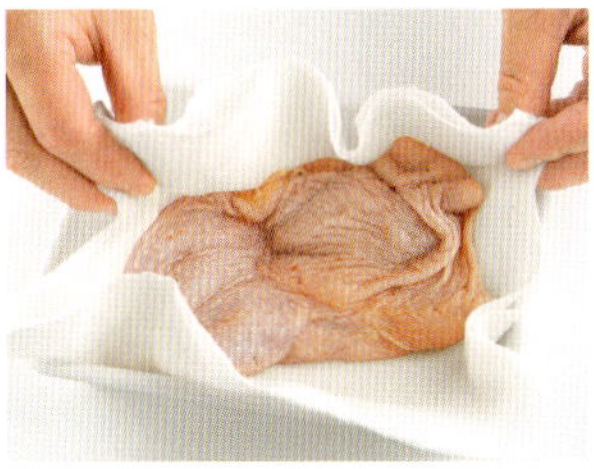

野菜床を繰り返し使う

漬け床から水分がしみ出てきたら、ペーパータオルで吸う。漬け床が減ってきたら塩分が材料の3%になるように材料を足しながら、冷蔵保存で2〜3回は使えます。目安は2週間程度。長期間使用しない場合は傷む可能性もあるので、においなどに注意して使いましょう。ぬか床のように混ぜる必要はありません。

 器／チェリーテラス

香味鶏ハム

しっとり蒸し上がったもも肉は、
熟成させたような味わい。
オードブルに、
おつまみに便利な一品です。
そのままでもおいしいですが、
わさびじょうゆやラー油をつけても。

野菜床に漬けた肉で

材料（作りやすい量）

鶏もも肉※ ………………………… 1枚

飾り：生唐辛了（赤・青）

………………………………… 各適量

※野菜床（→P.102）に1時間漬け、洗って水気を拭く。

❶ラップを鶏もも肉よりひとまわり大きく広げ、鶏肉を皮側を下にして置く。

❷のり巻きの要領で手前からラップをきつめに巻く。両端を持って、くるくると転がして空気を抜くように包む。

❸アルミ箔を広げてのせ、手前から巻き始める。途中、両端を内側に折り込んで最後までしっかり巻く。

❹蒸気の上がった蒸し器で約30分蒸す。蒸し上がったらそのまま氷水にとって冷ます。

❺アルミ箔とラップを外し、7㎜厚さに切って器に盛り、生唐辛子を小口切りにして飾る。

器／チェリーテラス

鶏手羽と里いもの煮もの

漬け込んだ肉から出るスープで煮込む、さっぱり煮もの。
鶏手羽から塩気が出るので塩加減は調整して。
旨みがたっぷり里いもにしみていつもと違った味わいに。

野菜床に漬けた肉で

材料（2人分）

鶏手羽先※1……………………4本
里いも……………………………4個

Ⓐ
- しょうが（1.5cm角の薄切り）……………少量
- 長ねぎ※2………………少量

Ⓑ
- 紹興酒（→P.147）……………………大さじ2
- 鶏がらスープ…$1\frac{1}{2}$カップ
- 塩………………………少量
- こしょう…………………少量

サラダ油………………………適量

※1　先を切り落としてから野菜床（→P.102）に2時間漬け、洗って水気を拭く。
※2　縦に切り目を入れて開き、1.5cm角に切ったもの。

❶里いもは厚めに皮をむいて縦半分に切る。
❷鍋または深めのフライパンにサラダ油大さじ$\frac{1}{2}$を熱し、鶏手羽先と❶の表面を強火で焼き、焼き色がついたら取り出す。
❸鍋をきれいにして、サラダ油小さじ1を熱し、弱火でⒶを炒めて香りが立ったらⒷを加えてひと煮する。
❹❷を戻し入れて汁気が少なくなるまで煮込み、器に盛る。

　器／宙（坂場圭十）

シェフのアイデアレシピ●

パサつきがちな鶏ささ身、鶏胸肉がしっとり

火を入れるとどうしても堅く、パサつきがちなのが鶏ささ身と胸肉。仕方がないとあきらめていませんか？
3人のシェフに解決方法をうかがうと、それぞれ方法は違いますが、驚くほどしっとりジューシーになる技を教えてくださいました。
ヘルシー、おいしい、うれしいレシピをぜひお試しください。

和

野崎さん

●107ページ

脂肪が少なく、たんぱく質が多いから火を通すとパサつきやすいんです。水分100㎖に対して、塩1g、砂糖2gを目安に漬け汁を作ってマリネすると肉に水分が入って、旨みや風味を含んだジューシーな肉に仕上がります。焼くときには焦げつかないように、水気をしっかり拭きましょう。またゆっくり火を通すことによって、焼き縮みを防ぎ、水分を保つことができますよ。胸肉は繊維を断ち切ると水分が流出しやすいので、繊維に沿って切ってください。

肉を決まった割合の塩、砂糖、水に漬け込むと水分がしっかり保たれる。

胸肉は写真の罫線の通り、繊維に沿って切ると水分が流出せずにパサつきを防止できる。

洋

七條さん

●108ページ

脂肪分が少なく淡泊なので、アクセントになる味つけを補うとおいしくなります。おいしくいただくコツは2つあります。ひとつは塩を入れた熱湯に浸すことで、鶏肉に塩水がしみ込み、旨みをキープしたまましっとり柔らかく仕上がるというもの。もうひとつは流れ出た旨みもソースとして生かすというもの。違うアプローチのレシピをひとつずつ紹介しました。試してみてください。

余熱調理は、重なった部分にもまんべんなく火が入るように途中で動かす。

中

脇屋さん

●109ページ

肉のパサつきを防ぐには、たんぱく質を柔らかくする作用のある塩麹がおすすめです。塩麹に香りのいいオレンジの絞り汁や、臭み消しのしょうがなどを加えて漬け汁を作り、胸肉と一緒に袋に入れます。常温からゆっくり火を入れて、沸騰したら火を止めて余熱調理すれば、じっくりと水分が入り込み、柔らかく仕上がることまちがいありません！

たんぱく質を柔らかくする塩麹入りの漬け汁に浸し、余熱調理でしっとり仕上げる。

鶏胸肉のしっとり焼き

アルミ箔で温かさをキープ。穏やかに火が入ります。

❶鶏胸肉の皮を下にし、上からフォークでまんべんなく刺す。ポリ袋に鶏肉とⒶを入れ、玉ねぎが柔らかくなるまでよくもみ込んで1時間おく。しいたけの軸を切り落とす。肉を漬けた汁はとっておく。

❷フライパンを火にかけずにサラダ油を薄くひき、❶の肉の汁気を拭き、皮側を下にして入れて火をつける。アルミ箔をかけて中火で6分ほど焼く。

❸肉が半分白くなったら漬け汁を加えて返す。身の薄い部分の下に、漬けた玉ねぎを敷いて直接フライパンの熱が伝わらないようにし、火を均一に入れる。❶のしいたけとししとうを加え、約5分焼く。

❹肉を取り出し、繊維に沿って切る（→P.106）。

❺❷の漬け汁はフードプロセッサーで細かくし、再びフライパンに戻して煮詰め、漬けだれにする。器に肉と野菜を盛り、青じそを添えて漬けだれをかける。　（野﨑）

材料（2人分）

- 鶏胸肉……200g（1枚）
- しいたけ……2個
- ししとう……2本
- Ⓐ
  - 玉ねぎ（薄切り）……160g
  - 塩……2g
  - 砂糖……4g
  - 水……$\frac{1}{4}$カップ
- サラダ油……大さじ1
- 付け合わせ：青じそ……2枚

和

鶏ささ身ののり巻き

ジューシーな鶏ささ身が爽やか風味の細巻きに。

❶鶏ささ身はフォークで刺して数か所穴をあける。ポリ袋に鶏ささ身とⒶを入れて、よくもんでしっとりさせ、1時間ほどマリネする。

❷きゅうりは10cm長さのせん切り、青ねぎは10cm長さに切る。青じそは細切りにする。

❸フライパンにサラダ油を熱し、❶の鶏ささ身の水気を拭いて両面を弱めの中火で焼き、手で裂く。

❹焼きのりを半分に切る。巻きすにのり1枚をのせ、❷と❸の半量をのせて、のり巻きの要領で巻く。巻き終わりはのりの内側に卵白を塗って留める。もう1本も同様に巻く。

❺フライパンを軽く熱して❹を転がし、湿気を取ってのりをパリッとさせる。一口大に切り、器に盛る。

（野﨑）

材料（2人分）

- 鶏ささ身……100g（2本）
- きゅうり……1本
- 青ねぎ……$\frac{1}{2}$本
- 青じそ……4枚
- 焼きのり（全形）……1枚
- 卵白……少量
- Ⓐ
  - 玉ねぎ（薄切り）……80g
  - 塩……1g
  - 砂糖……2g
  - 水……大さじ$1\frac{2}{3}$
- サラダ油……適量

洋

チキンソテーのサラダ仕立て

あっさり味の胸肉が旨みたっぷりのソースでこっくり。

❶鶏胸肉は両面に塩、こしょう各適量をふる。フライパンにオリーブ油小さじ1を熱し、鶏肉を皮側から弱めの中火で焼く。肉の厚みの半分ほどが白っぽくなったら、返してじっくり焼く。きれいな焼き色がついたら、火を止めてそのまま余熱で火を通す。

❷トマトは半分に切り、切り口に塩ひとつまみ、砂糖、オリーブ油小さじ$\frac{1}{2}$をかけ、オーブントースターで焼き色がつくまで焼く。

❸なすは1cm厚さの斜め切りに、グリーンアスパラガスは長さを半分に切り、長ねぎは5cm長さに切る。別のフライパンにオリーブ油大さじ1を熱し、炒める。塩、こしょう各適量で味をととのえる。

❹❶の鶏肉を取り出し、フライパンに残った肉汁にⒶを加えて混ぜてソースを作る。

❺器に❷、❸を敷き、鶏肉を1.5cm厚さに切ってのせる。❹のソースをかける。　（七條）

材料（2人分）

- 鶏胸肉……1枚
- トマト……1個
- なす……1個
- グリーンアスパラガス……2本
- 長ねぎ……1本
- Ⓐ
  - アンチョビペースト……大さじ$\frac{1}{2}$
  - オリーブ油……大さじ$1\frac{1}{2}$
  - レモンの絞り汁……大さじ1
  - にんにく（みじん切り）……大さじ$\frac{1}{2}$
  - バジルペースト（→P.149）……小さじ$1\frac{1}{2}$
- 塩・こしょう……各適量
- 砂糖……ひとつまみ
- オリーブ油……適量

鶏ささ身のサラダ カレー風味

カレー粉とクミンのダブル使いでキリッと大人の味に。

❶鍋に水4カップを沸かして塩を入れ、火を止める。鶏ささ身を入れて10分おく。重なった部分は途中で返す。取り出して、粗熱が取れたら手で細かく裂く。

❷ズッキーニ、パプリカは細切りにして塩（分量外）の入った湯でゆでて、水気をしっかりきる。しょうがはせん切りにする。玉ねぎはみじん切りにする。

❸ボウルにⒶを混ぜ、❶、❷、くるみ、レーズンを加えて和える。

❹器にマヨネーズを敷き、❸をのせてカレー粉をふる。　（七條）

材料（4人分）

- 鶏ささ身……3本
- 塩……大さじ$\frac{2}{3}$
- ズッキーニ……$\frac{1}{3}$本
- パプリカ（赤）……$\frac{1}{4}$個
- 玉ねぎ（小）……1個
- しょうが……$\frac{1}{2}$かけ
- くるみ（むいて粗く刻む）‥1かけ
- レーズン（粗く刻む）……8粒
- Ⓐ
  - クミン（シード。→P.150）……ひとつまみ
  - 塩……小さじ$\frac{1}{3}$
  - こしょう……適量
  - レモンの絞り汁……$\frac{1}{8}$個分
  - サラダ油……大さじ2
- マヨネーズ……大さじ2
- カレー粉（→P.151）‥ひとつまみ

料金受取人払郵便

麹町支店承認

919

差出有効期間
平成29年
3月23日まで

郵便はがき

102-8720

439

東京都千代田区九段北4-2-29
株式会社 世界文化社
家庭画報編集部
「本当においしく作れる
人気シェフの**肉料理**」 係行

フリガナ			(　　　)歳 1.男　2.女
氏　名			1.未婚　2.既婚
住　所	〒□□□-□□□□　都道府県　区郡市		
TEL　(　　)		FAX　(　　)	
E-mail			
職　業	1.会社員　2.会社等経営・役員　3.自営業　4.自由業　5.公務員・教員　6.専業主婦　7.パート・アルバイト　8.家事手伝い　9.学生　10.その他		

※今後の企画の参考にするため、アンケートにご協力をお願いしています。ご回答いただいた内容は個人情報を含みますが、個人情報の安全な取り扱いには十分配慮しておりますのでご了承ください。ご回答いただいた内容は個人を特定できる部分を削除して統計データ作成のために利用させていただきます。弊社で一定期間保存後は速やかに適切な方法で廃棄いたします。
※今後、弊社から読者調査やご案内をお送りしてもよろしいでしょうか。
ご承諾いただける方は右の□にチェックをつけてください。……………………承諾します □

Q.1 この本を何でお知りになりましたか。

1. 書店の店頭で　　2. 広告で（　　　新聞）

3. 書評を見て（　　　）　4. 知人の紹介で

5. その他（　　　）

Q.2 本書の中でどの料理を作ってみたいですか？

Q.3 本書の中で実際に作った料理はありますか？
味やできばえはいかがでしたか？

Q.4 本書掲載以外で作ってみたいお料理名、ジャンル、教わりたいシェフなどを教えてください。

Q.5 お料理の悩みごととその理由を教えてください。

Q.6 本書の内容について、感想をお聞かせください。

※あなたのご意見・ご感想を、本書の新聞・雑誌広告や世界文化社のホームページ等で

1.掲載してもよい　2.掲載しないでほしい　3.匿名なら掲載してもよい

ペンネーム（　　　）

ご協力ありがとうございました。

塩麹鶏と野菜の和えもの

塩麹が作用し、ゆっくり火を通したゆで鶏は
胸肉とは思えない柔らかさ。

❶鶏胸肉は塩麹鶏のピリ辛和え(右)の作り方❶～❷を参照して作る。
❷きゅうりは麺棒などで軽くたたいて割る(→P.87)。トマトはざく切りにする。セロリはざく切りにし、軽くたたいて割れ目を入れる。レタスはちぎる。ボウルにⒶを順に合わせてたれを作り、少しとりおく。
❸たれに❶と❷のきゅうり、セロリを加えて混ぜ合わせる。とりおいたたれで❷のトマトを和える。器にレタスを敷いて盛る。
(脇屋)

材料(2～3人分)
鶏胸肉(皮を除いたもの) ……………… 200g(1枚)
漬け汁(右) …………………… 全量
きゅうり・セロリ …………… 各60g
トマト ………………………… ½個
レタス ………………………… ¼個
Ⓐ
- しょうゆ ………………… 大さじ2
- 砂糖 ……………………… 小さじ½
- 酢 ………………………… 小さじ1
- 長ねぎ(みじん切り) … 大さじ2
- しょうが(みじん切り) ‥ 大さじ1
- にんにく(みじん切り) ……………… 小さじ1
- 青花椒《チンホワジャオ》(粉。→P.150) ……………… 小さじ½
- ごま油 …………………… 大さじ1
- ラー油 ………………… 大さじ1～2

塩麹鶏のピリ辛和え

「よだれ鶏」というもも肉の定番料理が胸肉でも塩麹でしっとり。

❶漬け汁の材料を混ぜ、耐熱の袋に入れる。鶏胸肉を加え、空気を抜きながら袋を閉じる。
❷鍋に❶とひたひたの水を入れて火にかける。沸騰したら火を止めて10分おく。袋ごと氷水で冷やして鶏肉を取り出し、そぐように切って器に盛る。
❸ボウルにⒶを順に入れて混ぜて❷にかけ、香菜を添える。
(脇屋)

中

材料(2～3人分)
鶏胸肉(皮を除いたもの) ………………… 200g(1枚)
漬け汁
- 塩麹 ………………………… 140g
- オレンジの絞り汁 ……… 大さじ4
- しょうが(細切り) ……………… 5g
- 青花椒《チンホワジャオ》(粉。→P.150) …… 少量

Ⓐ
- しょうゆ ………………… 大さじ2
- 酢 ………………………… 小さじ1
- 砂糖 ……………………… 大さじ1
- 五香粉《ウーシャンフェン》(→P.150) ‥ 小さじ½
- 長ねぎ(みじん切り) …… 大さじ2
- しょうが(みじん切り) ‥ 大さじ1
- にんにく(みじん切り) · 大さじ1
- 白いりごま ………… 大さじ1強
- ごま油 …………………… 大さじ1
- ラー油 …………………… 大さじ2

飾り用:香菜 ……………………… 適量

 左写真の器/Verre(ヴェール) 右写真の器/宙(林 健二)

水島弘史シェフの実験教室

肉は科学の力でおいしくなる

シェフの経験を踏まえて、料理教室を主宰される水島弘史さん。火力や素材、料理経験……と条件が異なる家庭で、どうしたら誰でも、おいしい料理を作れるのだろう?と、試行錯誤するうち出会ったのが「調理科学」です。生徒さんの実習を通して見つけたのが、普遍的に通じる「ルール」。肉料理に関していえば、塩加減、火加減、雑味取りの3つです。これをシンプルな料理で体感して、仕組みが理解できれば、いつでも「今、肉はこうなっている」とイメージできるようになります。それが成功の第一歩。さあ、新感覚の調理ワールドを体感してみてください。

肉をおいしくする3つのルール

1 おいしく感じる**塩分**は0.8%

2 **雑味**はきちんと取り除く

3 **火加減**は弱〜弱めの中火をキープ

水島 弘史●プロフィール

1967年福岡生まれ。大阪あべの辻調理師専門学校卒業後、渡仏。同フランス校を主席で卒業し、「ジョルジュブラン」で研修。帰国後、恵比寿の「ラブレー」にて94年より3年間シェフを務める。2000年7月「サントゥール」を開店し、2009年4月まで営業。現在は大学や企業と連携して調理科学に携わる。料理教室も開催。著書に『強火をやめると、誰でも料理がうまくなる!』(講談社)がある。料理教室:電話03-3455-6431

揃えておきたい道具

一般の調理道具で大丈夫ですが、分量や温度を正確にはかるために用意するものがあります。
食材の量が違うときなど、計算することもあるので、電卓とメモ帳もお忘れなく。

タイマー
目安時間をセットし、肉の状態を見ながら具体的にかかった時間を知ることや、蓋をして○分など、温度を保ちながらゆっくり火を入れる余熱調理などのときに使う。

スケール
塩分の適量を算出するために、材料の総重量をはかるときなどに使う。1g単位で、2〜3kgまではかれるものがベター。

電卓&筆記用具
0.8%の塩分量を算出するのに不可欠。食材の重量をはかったり、その総量を導き出すのに、メモ帳があると便利。

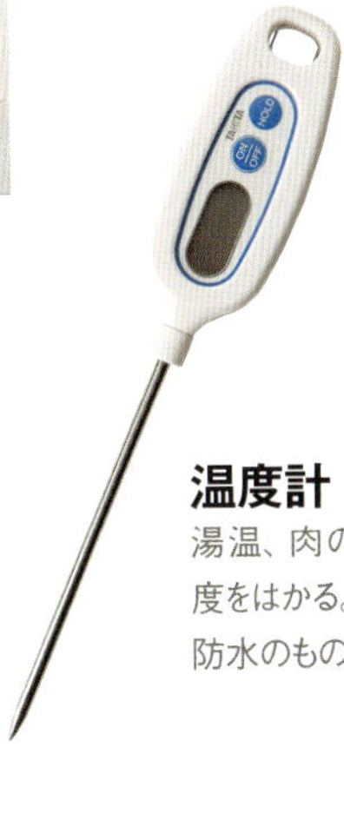

温度計
湯温、肉の中心部の温度をはかる。丸ごと洗える防水のものが便利。

計量スプーン
15mℓ、5mℓに加えて1mℓ、1/10mℓスプーンを用意しておくと正確にはかれる。

*塩は種類によって重量が異なるので、自分が使用する塩を各スプーンではかっておくとよい。通常15mℓは18g、5mℓは6gで換算する。水島さんは自然塩の焼き塩を使用し、1mℓを1g、1/10mℓを0.2gに換算している。

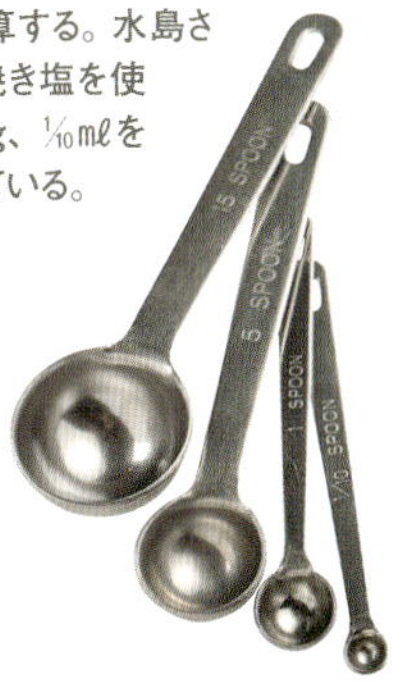

肉をおいしくするルール1

おいしく感じる塩分は0・8%

調味料は数あれど、味の決め手となるのは実は塩分です。おいしいと感じる塩加減は万国共通で、料理のでき上がり量の0・8%の濃度ということがわかってきました。どうして0・8%なのか、また旨みと塩分の微妙な関係について教えていただきました。

人間の体液の濃度も0・8〜0・9%!

人間の脳には塩分を感じる部分が3か所あり、一般的においしいと感じる塩分は0・8%前後であることがわかってきています。実はこの数字、人間をはじめ多くの脊椎《せきつい》動物の体液の塩分濃度（0・6〜1%）とほぼ一緒。「一緒だとなぜおいしいと感じるのか？」については手短に語ることができないので、ここでは割愛しますが、料理の本で「おいしい」と思うレシピの塩分を、塩に換算して料理のでき上がり量で割ると、0・8%前後であることがたびたびあります。個人の嗜好の違いもありますが、覚えておくと便利な数字ですよ。

0・8%はどうやってはかるの？

おいしい塩分をキープするには正確にはかることが肝心です。では100gの肉を焼く場合なら、塩は0・8gになるわけですが、どうやってはかりますか？　小さじ½、¼のスプーンでは正確にはかるのは難しいですよね。そこで用意したいのが微量用のスプーンです。1mℓと1/10mℓがあれば万全です。1人分や2人分といった少ない人数の料理でも、ちょうどよい塩の量を導き出すことができます。

※1mℓスプーンは1g。1/10mℓスプーンは0・2gに換算している。

旨みの量が塩分量を左右する

先ほど0・8%という塩分の基準を紹介したばかりですが、これにはひとつ落とし穴があります。それは旨みと塩分量の関係。通常、塩分約0・8%でおいしく感じ、1%を超えると「しょっぱい」と感じます。しかし旨みが強くなると、1%を超えてもおいしいと感じられるのです。旨みにつられてしょっぱいと感じるセンサーが鈍くなり、塩分が1%を超えてもおいしいと感じてしまうということです。濃厚なだしやスープを使用するときは、味見に頼らず料理の総重量の0・8%をはかって、調味しましょう。

※市販のだしやスープには塩分を含んでいるものもある。

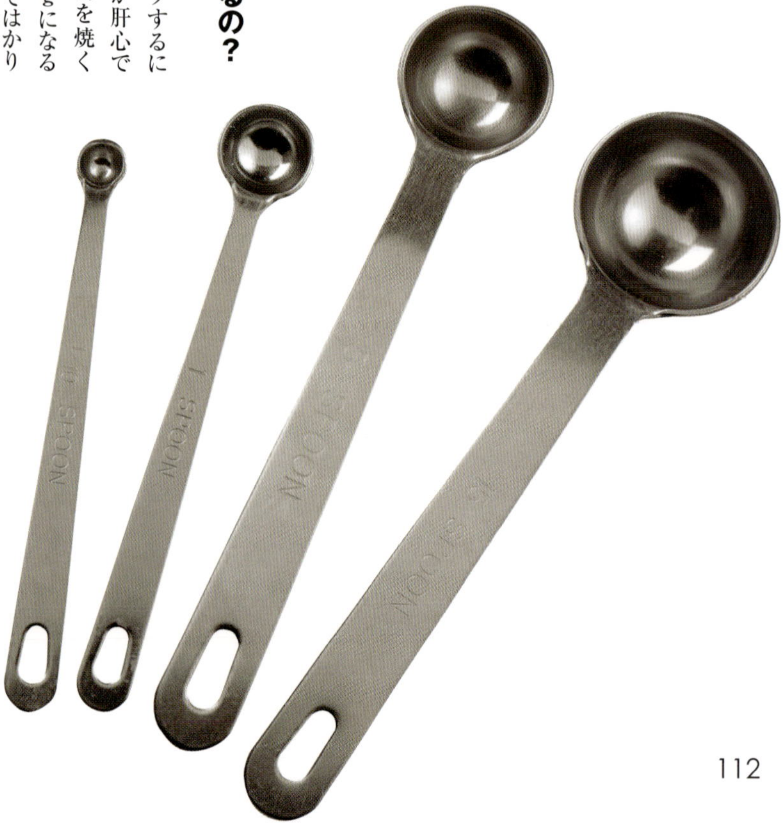

肉をおいしくするルール2

雑味はきちんと取り除く

肉の旨みをしっかり出すためには、
余計な雑味を取り除くことが大切です。
肉をゆでたときに浮いてくる「あく」も雑味の一種。
「あくをすくう」のは煮もののときだけではないのです。
普段何気なくしていることも実は雑味取り。
ここでは簡単にできる
3つの雑味の取り方をご紹介しましょう。

低温から塩ゆでする

0・8%の塩水で水からゆでると塩水が肉に出入りし、ほどよく雑味が取れて旨みが残ります。コツは湯温とスピードとキープ時間。「ゆでる」といっても水からスタートさせ、熱湯にはしません。40℃でいったん火を止めて温度をキープ。再び火にかけてゆっくり加熱すると肉から雑味と旨みが出始めます。湯温70℃で火を止めてまた温度をキープ（保温時間は115ページを参照）。こうすると、取り出した肉には澄んだ旨みがあるうえ、ゆで汁は90℃にすると雑味が固まるのでこすと、スープになります。

初めの脂と水分を拭き取る

フライパンで肉を焼き始めると、水分がしみ出てきます。初めに出てくる水分には表面の雑菌を含め雑味が多いので、ペーパータオルできれいに拭き取りましょう。肉を返した直後の脂も忘れずに拭きます。最初にやや多めに油をひいておくと、雑味が出やすくなります。油は多めでもペーパータオルで拭き取ってしまうのでべたつくことはありません。

油で誘導し、引き出す

雑味は皮と脂身に含まれやすく、この雑味を取り除くには実は油が効果的。これは化粧落としのオイルクレンジングと同じ要領で、油でもって脂をなじませて、出すということ。肉にしっかり油をからませ、色がかすかに変わるまで弱火（約40〜45℃）でゆっくり温めると、表面の汚れと脂に含まれる雑味がきれいに取り除けます。とくに表面積が広く、酸化しやすいひき肉の臭み抜きには抜群。肉本来のおいしさだけが残ります。油の量は肉がほぐれる程度で十分です。

肉をおいしくするルール3

火加減は弱～弱めの中火をキープ

肉は加熱によっておいしさが生まれます。肉が加熱によって温度変化する過程でどんなことが起こっているのか、そのしくみがわかると、火加減も決まってきます。肉は強火で焼くもの、という思い込みが消えますよ。

おいしさを生むポイントは2つ

加熱によって肉がおいしくなるには、水分が保たれてジューシーであることと、旨みが存分に引き出されることが大事です。この2つを実現するための火加減が、弱～弱めの中火。というのも、肉はある程度の水分が保たれているから柔らかくジューシーなのですが、急激に加熱すると焼き縮んでしまいます。肉の収縮は40～55℃に起こり、水分が流出されます。それを最小限にするために、この温度帯をゆっくり通過させる必要があります。また雑味が出るのは45～50℃。この温度の間、余分な水分とともに雑味を取り除くことができます。

また「旨み」が増えるのは60～75℃のとき。ここを通過するとき、たんぱく質が分解され、アミノ酸に変化して旨みとなります。なかでもたんぱく質に火が入っておいしいのは70℃です。火を入れるときは、旨みを最大に引き出しながら、この温度を目指しましょう。そして火入れにかける時間も大事です。できあがりまでゆっくりとしたスピードで加熱すると、肉の表面と中心部の温度差が少ない状態で焼き進むことができ、焼きむらを防ぐことができます。

火入れ以前の肉の温度

冷蔵庫から出した肉は何度で焼き始めたらいいのでしょうか。たんぱく質が変化し始めるのは生体温度以上からです。動物の生体温度は35～43℃なので40℃を超えたあたりからですが、冷蔵庫から出したばかりの肉は10℃前後です。肉の中心まで手早く40℃にするには、袋に入れてぬるま湯に浸しておく方法がおすすめです（115ページ）。表面も中心も40℃になってから焼き始めると、スムーズな火入れが体感できます。

そしてもっと簡単なのが、火にかける前のフライパンに冷蔵庫から出した肉を入れ、弱めの中火で徐々に加熱していく方法。フライパンの温度が180℃になったら弱火にし、中心にじっくり火が入っていくのを待ちましょう。

火加減の見極めは音で

火加減を弱～弱めの中火に保って、低速で肉を加熱する重要性がわかりましたが、そのためにはフライパンの表面温度をゆっくり上昇させる必要があります。しかしフライパンの温度は温度計で測ることはできません。そこで油がはねる音に着目します。フライパンの温度が上昇するにつれ、音が変化していくのです。左の表を参考に火加減を調整してみましょう。シュー、ジューと音は変わり、パチパチの音になったらフライパンは180℃。これ以上上昇すると肉を焼くには高温すぎるので、火を弱めましょう。強めたらいいか、弱めたらいいか、火加減に迷ったとき、油がはねる音がヒントになります。

水島さんは弱めの中火をフライパンの底に火がぎりぎり当たらない大きさとしている。

フライパンの温度上昇と肉の焼き音の変化

100℃未満・無音
↓ 弱めの中火
約100℃・シュー
↓ 弱めの中火
約130℃・ジュー
余分な水分が抜けている
↓ 弱めの中火
約180℃・パチパチ／ピチピチ
余分な水分が抜けて火が通り始める状態
↓ 弱火

油がフライパンの外へはね始めたら、180℃を超えている証拠。火が強すぎるので、「パ行」の音をキープ。

加熱のしくみを徹底解説●

チキンソテーを作ろう

加熱によって肉がどのようにおいしくなるのか
わかったところで、水島流でチキンソテーを
作っていただきました。
フライパンと肉それぞれの温度変化を追いました。

材料（1人分）

鶏もも肉 …………………… 200g（1枚）
塩 …………………………………… 1.6g
こしょう ……………………………… 適量
サラダ油 …………………………… 大さじ1
飾り：ローズマリー ………………… 適量
付け合わせ※
　Ⓐ［さやいんげん・マッシュルーム・玉ねぎ各20g・さつまいも30g］
　Ⓑ［塩0.8g・こしょう（こしょうひき）・2回し分・ローズマリーの葉15枚・ココナッツミルク4g］
　バター（食塩不使用）5g

※Ⓐはすべて7㎜角に切り、フライパンにバター、さやいんげん以外のⒶを入れて弱火にかける。さつまいもが柔らかくなったら、さやいんげんを加えて3分ほど炒める。Ⓑを加えて混ぜ、2分ほど煮る。

肉の中心温度の変化

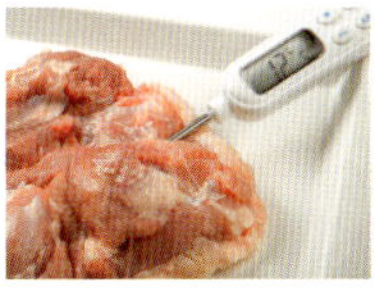

冷蔵庫から出したて
10℃前後
肉は冷たく堅いまま。このまま熱したフライパンで焼くと、中心までなかなか火が入らず、表面のみ高温になって焼き締まるので注意。

調理スタート時
～40℃
肉の中心までを低速で生体温度に戻して柔らかくする。加熱によるたんぱく質の分解は約40℃からなので、色は変わらない。

焼き始め
～45℃
肉などの動物系の細胞の細胞膜や筋膜が収縮する温度帯。低速であれば、焼き縮みが少ない。

～55℃
水分を放出して雑味を除去する温度帯。低速であれば、必要以上に水分が流出しない。肉の中心に向かって徐々に白くなる。

裏返して焼く
～70℃
たんぱく質が凝固して成分分解が進みアミノ酸が増加。また消化されやすい成分に変成する温度帯。中心まで火が入って白くなる。

フライパンの温度変化

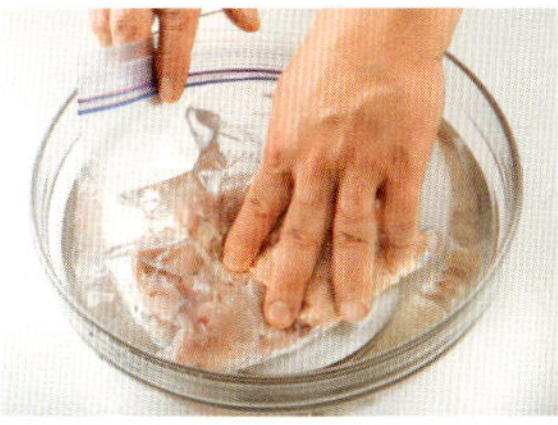

❶鶏もも肉は耐熱性の袋に入れて水をはったボウルにつけ、端を少し開けた状態で中の空気を抜いて、真空に近づけたら完全に閉じる。

❷鍋に水をはって袋ごと入れ、浮かないように重しをし、湯温が40℃になるまで弱めの中火でゆっくり温める。40℃に達したら火を止め、蓋をして10分おく。

❸鶏肉を取り出し、両面に半量の塩をする。フライパン（直径20㎝程度）にサラダ油を入れ、皮側を下にして弱めの中火にかける。フライパンは20～30℃。

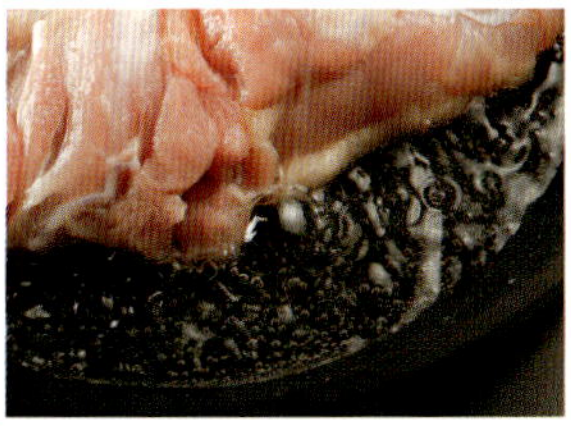

❹油が泡立ち始めたらフライパンは約100℃。シューと音がし始め、それがジューに変わったら約130℃。

❺水分がはじけて油がパチパチと音を立て始めたらフライパンの温度は約180℃なので、弱火にして鶏肉から出た脂を捨て、しみ出た脂もペーパータオルで拭き取る。

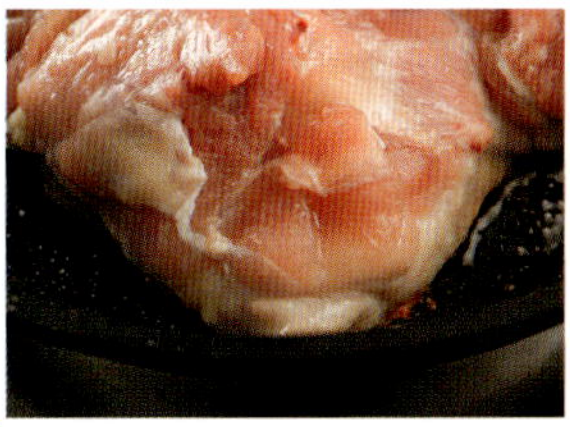

❻肉の厚さの半分までが白っぽくなったら残りの塩をして返す。ここまでが約12分くらい。

❼皮目は薄く焼き色がついてカリッとしている。身側を約3分焼く。フライパンは180℃をキープ。付け合わせとともに器に盛り、ローズマリーを飾ってこしょうをふる。

3つのルールで●

おいしいミートソース作り

肉をおいしくする「塩分量・雑味取り・火加減」のルールを踏まえて、ミートソースを作りましょう。味が決まらない、少し臭みが残るというかたはぜひお試しを。

ルール3:
火加減は弱～弱めの中火をキープ

野菜も肉と同様に常温の小鍋に入れて、サラダ油をからませてから火をつける。急激に火を入れずゆっくり温めるように加熱すると、水分の流出を防ぐことができる。

❶Ⓐはみじん切りにして小鍋に入れ、サラダ油大さじ1（分量外）をからませてから弱火にかけ、15分ほど炒める。

❷酒を加えて全体に炒め合わせ、トマトとバジルの葉を加える。トマトが煮崩れたら火を止める。

濃度はこのくらい。

❸小鍋にバルサミコ酢を入れ、酸味が甘みに変わり、とろりとするまで煮詰め、赤ワインを加えてアルコール分をとばす。

ルール2:
雑味をきちんと取り除く

熱を加える前にほぐすと、まんべんなく表面の汚れや雑味が取れる。

❹別のフライパンに合いびき肉と雑味取り用のサラダ油を入れ、肉をほぐして弱火にかける。

油が雑味で白濁する。

ルール2:
雑味をきちんと取り除く

雑味が油に誘われて落ち、ゆっくり加熱することによって旨みが損なわれない。

❺常に混ぜながらゆっくり加熱し、ひき肉の色がかすかに変わり始めたら(40～45℃)、ざるに上げて油をきる。

ルール2･3:
雑味をきちんと取り除く･火加減は弱～弱めの中火をキープ

最初に出た脂は雑味を含んでいるので、拭き取る。すっきりとした仕上がりになる。ゆっくり火を通して焼き縮まないようにする。

❻フライパンに戻し、弱火にかけて炒める。出てきた脂と水分は拭き取る。にんにくを加えて2分ほど炒めたら、❸を加えて煮詰める。

ルール1:
おいしく感じる塩分は0.8%

塩を加える前の総重量をはかると約500g。その0.8%の塩を最後に加える。

❼水分がほぼなくなったら❷とⒷを加え、弱めの中火で煮詰め、半量程度になったらバジルを除いて、バターを加える。

材料（でき上がり500g分）

合いびき肉……200g

Ⓐ
- にんじん……60g
- 玉ねぎ……60g
- マッシュルーム……60g
- セロリ……40g

トマト（1cm角に切る）……100g
バジルの葉……1枚分
にんにく（みじん切り）……10g
酒……60g
バルサミコ酢（→P.146）……50g
赤ワイン……40g

Ⓑ
- トマトジュース（食塩不使用）……100g
- 塩……4g
- 黒こしょう……適量
- ナツメグ（→P.150）……3g

バター（食塩不使用）……20g
サラダ油（雑味取り用）……ひき肉がほぐれる量

*スパゲッティにするときは、麺をゆでてソースをからめ、器に盛って粉チーズをふる。

ひき肉の料理

肉繊維が細かく断たれているから
柔らかく仕上がり、
丸めたり、詰めたり、固めたりと、
いろいろな形に加工できるひき肉は
牛・豚・鶏の風味を生かして、
さまざまな人気おかずに登場します。
おいしさの秘訣は、
肉にどれだけ風味を含ませられるか？
そしていかに雑味を取り除けるか？
和風、洋風、中国料理、
それぞれの極意をご紹介します。

PART 4

●焼く・炒める

布／トミタテキスタイル

ハンバーグステーキ

ひき肉に粗く刻んだ牛肉を少しプラスしたご馳走ハンバーグ。時おり感じる肉塊の存在がたまりません。肉汁を含んだまま焼き上がるので、とてもジューシー。

材料（5個分）

肉だね

- 牛こま切れ肉 ………… 250g
- 牛ひき肉※1 ………… 250g
- 豚ひき肉※2 ………… 100g
- 玉ねぎ ………… 1個
- サラダ油 ………… 小さじ1
- Ⓐ
  - 卵 ………… 1個
  - パン粉 ………… 60g
  - 塩 ………… 小さじ1
  - こしょう ………… 適量
  - ナツメグ（→P.150） ………… 小さじ½
  - マスタード ………… 小さじ1⅔
  - ケチャップ ………… 大さじ1
  - 牛乳 ………… 小さじ1

マデイラ酒（→P.146） ………… 大さじ5

デミグラスソース（→P.52. P.148） ………… ¾カップ

サラダ油 ………… 大さじ1⅔

付け合わせ：

ドフィノワ（→P.72）・温野菜※3（にんじん・ブロッコリー・さやいんげんなど）…各適量

※1　できれば粗びき。
※2　できればばら肉をひいたもの。
※3　にんじんはP.71のグラッセ、ほかの野菜はボイルを参照して作る。

洋　七條さんから

ひいた肉の魅力は脂身と赤身が均一に混ざってジューシーに仕上がること。肉の比率は牛5：豚1で、異なる部位を混ぜるとおいしくできます。牛こま切れ肉は少し凍らせておくと切りやすく、混ぜるときも体温で脂肪が溶け出るのを防ぎます。脂肪の旨みをできるだけ残したいので、手早く混ぜましょう。焼き始めの温度は肉だねをフライパンに入れるとき、かすかにジュッという程度。強火ではすぐに焦げてしまうので弱火でじっくり焼き上げましょう。

1

玉ねぎはみじん切りにし、フライパンにサラダ油を熱して弱火でうっすら茶色に色づくまで炒める。粗熱を取って冷蔵庫で冷やす。

2

大きめのボウルに1とⒶを合わせて均一に混ぜる。

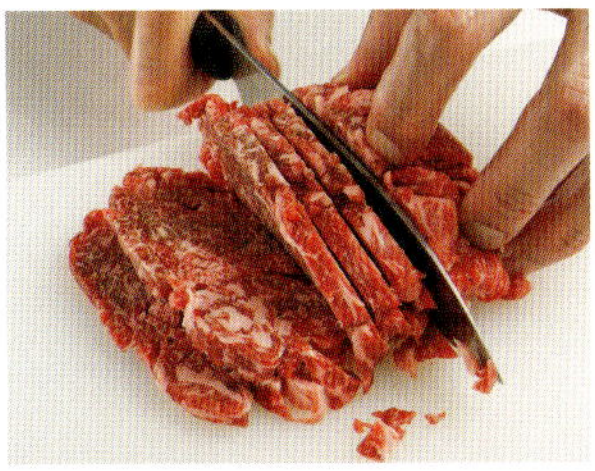

3

牛こま切れ肉は冷凍庫で軽く凍らせておき、粗く刻む。

4

2に3と2種のひき肉を加えてしっかり均一に混ぜる。粘らせないように注意し（→P.131）、肉と肉がつながるように、しっかり混ぜる。手の温度で温まらないように手早く行う。

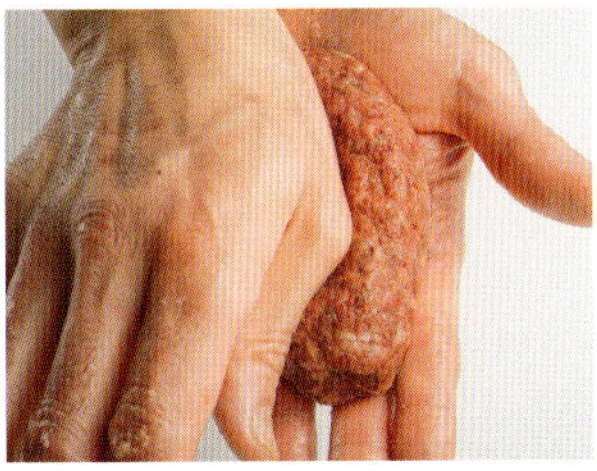

5

5等分にし、両手でキャッチボールをするように空気を抜き、親指のつけ根で中央にくぼみをつける。それぞれ厚さ2.5cmの楕円形にまとめる。

6

フライパンにハンバーグ1個につきサラダ油小さじ½を熱し、弱めの中火で焼く。ときどき動かして焼き色がついたら、返してごく弱火で蓋をして約6分焼く。

7

ハンバーグをフライパンの端に寄せ、余分な脂を拭き取る。ハンバーグ1個につきマデイラ酒大さじ1をかける。焦げそうなときはいったん火を止めてもよい。

8

ハンバーグ1個につきデミグラスソース大さじ2をかけ、からめながら少し煮詰める。付け合わせとともに器に盛る。

スープ入り餃子

昆布だし入りで旨みたっぷりの餃子は
脇屋流テクニックがいっぱい。食べるときは
小籠包のようにジュワッと広がるスープに慌てないよう、
レンゲが必須です。やけどに気をつけて！

材料（24個分）

豚ひき肉※1 ………… 350g
白菜（白い部分）………… 500g
昆布※2 ………… 5g
板ゼラチン※3 ………… 9g
餃子の皮 ………… 24枚
砂糖 ………… 小さじ½

Ⓐ
- しょうがの絞り汁 ………… 小さじ2
- オイスターソース（→P.147）………… 大さじ½
- 塩 ………… 小さじ½
- こしょう ………… 少量

Ⓑ
- ラード（→P.146）………… 大さじ2
- ごま油 ………… 小さじ2

サラダ油 ………… 小さじ2

※1　できれば肩ロースかたまり肉1kgを粗く刻み、すべて混ぜてから350gを使用する。
※2　鍋に水120mℓを入れて浸し、5時間おく。
※3　水に浸してふやかす。

1

昆布の入った鍋を火にかけて沸騰させ、昆布を取り出して60℃くらいまで冷めたら、ふやかした板ゼラチンを加えて溶かす。バットに移し、氷水に当てて固める。

2

鍋に湯を沸騰させ、白菜をゆでる。柔らかくなったら引き上げ、冷水にとって冷ましてから水気をきってみじん切りにし、さらにしっかり水気を絞る。

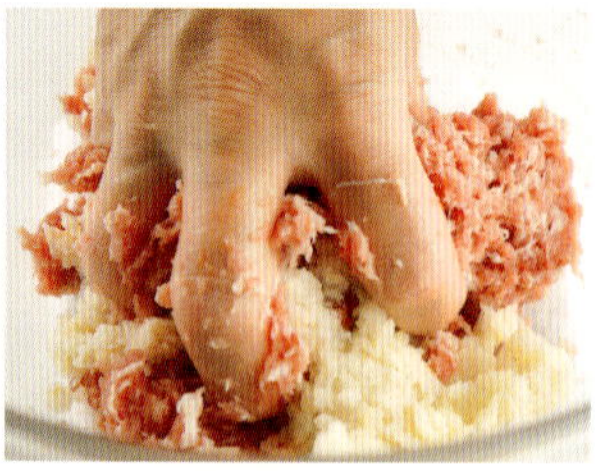

3

大きめのボウルに豚ひき肉と砂糖を入れ、手でよく混ぜる。Ⓐを加えてさらによく混ぜ、2とⒷを加えてさらに混ぜる。

4

1をみじん切りにして加え、手で溶けないように手早く均一に混ぜる。バットに移して冷蔵庫で2〜3時間休ませる。餃子の皮に25gずつ包む（右下）。

5

蒸気の上がった蒸し器に、穴のあいたオーブンシートを敷き、餃子をのせる。水滴が落ちないように、蒸し器と蓋の間にふきんを挟み、約6分蒸す。

6

フッ素樹脂加工のフライパンにサラダ油を熱し、5を蒸し器からそっと取り出して並べ、強火でこんがり焼き色がつくまで焼く。そっと取り出し、焼き目を上にして器に盛る。

中 脇屋さんから

中はジューシー、外はパリッが理想です。そのために、蒸してあんに火を通し、強火で皮だけをパリッと焼き上げましょう。ジューシーさの決め手は昆布だしゼリー。昆布と豚肉は相性がよく、お互いにおいしさを引き立てます。ゼリー状のだしは粒が大きいと肉に混ざりにくいので、細かく切ること。熱すると液体になるので、蒸す、焼く際は皮が破れて流れ出さないよう気をつけましょう。

きれいなひだを作る脇屋流包み方

最初に皮をずらして重ねるのがコツ。

❶皮に平たくあんをのせる。団子状にしない。

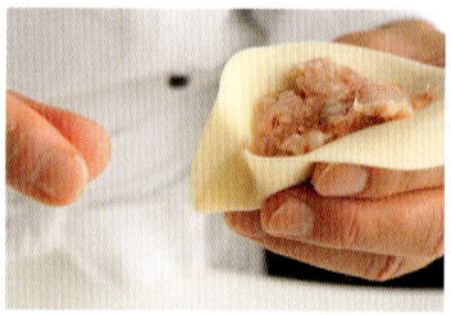

❷縁を少しずらして二つ折りにする。端からずれてたわんだ部分を折り込むようにたたむ。

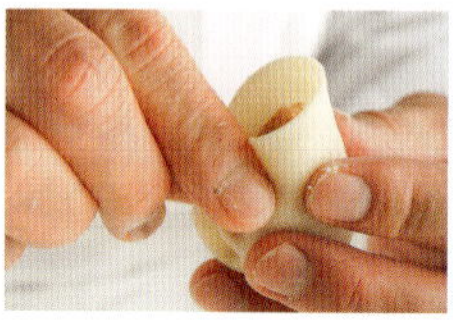

❸次のたわんだ部分を同様にたたんでいく。汁気が流れ出ないよう、しっかり留める。

肉団子の黒酢あん

甘酸っぱいあんをしっかりまとい、迫力満点の肉団子は意外にもふわっと柔らか。秘密は豆腐とたっぷりの煮汁にあり。多めに作って翌日のお弁当にもおすすめです。

材料（4人分）

	豚ひき肉	250g
	塩	ひとつまみ
	こしょう	少量
	木綿豆腐（水きりしたもの）	50g
	卵	1個
Ⓐ	しょうが（みじん切り）	小さじ1
Ⓐ	しょうゆ	小さじ$\frac{1}{2}$
	片栗粉	小さじ1
Ⓑ	水	1カップ
Ⓑ	酢	1カップ
Ⓑ	砂糖	大さじ5
Ⓑ	塩	小さじ1
Ⓒ	砂糖	大さじ4
Ⓒ	ケチャップ	大さじ3
Ⓒ	しょうゆ	小さじ2
Ⓒ	中国黒酢（→P.147）	大さじ2
Ⓒ	酢	大さじ2
Ⓒ	水	大さじ1
	水溶き片栗粉（水1：粉1）	小さじ1
	揚げ油	適量
	ねぎ油（→P.129）	小さじ1

中 脇屋さんから

大人から子どもまで磐石の人気を誇る肉団子。冷めても堅くならず、ふっくら柔らかく仕上がるコツは水きりした豆腐と卵を混ぜること。また、たっぷりの煮汁でしっかり煮ることです。中国黒酢は煮詰めると風味がとんでえぐみが出るので、煮るときは普通の酢、仕上げに中国黒酢と使い分けましょう。

1

ボウルに豚ひき肉を入れて塩、こしょうを加えて粘りが出るまで手で練る。豆腐をつぶしながら加え、卵とⒶを加えてしっかり練る。さらに片栗粉を加えて練る。

2

揚げ油を熱し始める。1を手にとり、親指と人差し指で輪を作る。そこから直径3cmほどの球状に絞り出し、スプーンでとる。

3

低温（160℃）の揚げ油にスプーンからそっと入れ、ゆっくり2分半～3分揚げる。

4

浮いてきたら引き上げて油をきる。

5

フライパンにⒷを熱して沸騰したら4を加える。蓋をして煮汁が少なくなるまで強火で煮からめる。ときどきゆすって焦げないように注意する。Ⓒは合わせる。

6

煮汁がほとんどなくなったら、Ⓒを加えてからませる。水溶き片栗粉を加えてしっかり混ぜてとろみをつける。鍋肌からねぎ油を回し入れてひと混ぜし、器に盛る。

ピーマンとしいたけの肉詰め

野菜の甘みとしょうゆの風味がしみ込んだ肉汁が、噛んだ瞬間に口の中に広がります。心地いい歯ごたえには裏技あり。プロならではの弾力でひと手間かける甲斐があります。

材料（2人分）

牛ひき肉		200g
ピーマン		3個
しいたけ		3個
玉ねぎ（みじん切り）		50g
とき卵		1個分
Ⓐ	しょうゆ	大さじ1
	砂糖	小さじ2
薄力粉		適量
サラダ油		少量

和 野崎さんから

肉だねのひき肉は半分を霜降りにして、半分は生のまま使いましょう。こうすると蒸し焼きにしたとき、火が通りやすいだけでなく、肉の締まり具合にも違いが出て、その食感の差がアクセントになります。火加減は弱めの中火。ゆっくり火を通しているので肉が急激に締まらず、たっぷり肉汁を含んだ肉詰めになります。

1

牛ひき肉は半分をざるに入れ、100℃の湯に浸し、箸でほぐしながら湯通しし水気をきって冷ます。ピーマンは縦半分に切ってへたと種を取る。しいたけは軸を取る。

2

ボウルに1のひき肉と玉ねぎと残りのひき肉を入れて、手早く混ぜる。

3

とき卵とⒶを加えて、均一に混ぜ合わせる。

4

1のピーマンとしいたけの内側に刷毛ではらうように薄力粉を薄くつけ、3を押しつけるようにして、隙間なく詰める。たねの面にも薄力粉を薄くつける。

5

フライパンにサラダ油を熱し、弱めの中火で肉を上にして焼く。蓋をしてピーマンは約6分、返して再び蓋をして5分焼く。しいたけの焼き時間はピーマンの半分。ピーマンがしんなりしたら器に盛る。

大皿／宙（清水なお子）

麻婆豆腐

舌がビリビリとしびれる山椒の辛みが持ち味。ライムの香りに似た、爽やかな辛みの青花椒をたっぷりふるのが脇屋流です。香りが高く、辛みがしっかりきいた大人味。

材料（3～4人分）

- 牛ひき肉※……100g
- 絹ごし豆腐……200g
- わけぎ……10g
- Ⓐ
  - 豆板醤（→P.147）……大さじ1½
  - 長ねぎ（みじん切り）……大さじ3
  - しょうが（みじん切り）……大さじ1
  - にんにく（みじん切り）……大さじ1
  - ねぎ油（→P.129）……大さじ1
- Ⓑ
  - 紹興酒（→P.147）……大さじ1
  - しょうゆ……大さじ1
  - 鶏がらスープ……½カップ
  - 砂糖……小さじ¼
  - 塩……小さじ¼
- 水溶き片栗粉（水1：粉1）……大さじ1
- Ⓒ
  - ごま油……大さじ1
  - ラー油……大さじ1
- 青花椒《チンホワジャオ》（粉。→P.150）……小さじ2～3
- サラダ油……小さじ1

※できれば粗びき。

脇屋さんから

この麻婆豆腐は香りが命。炒め始めの香味野菜から弱火でしっかり香りを立たせましょう。普通は最後のごま油、ラー油、青花椒を加えたらあまり火に当てませんが、大きく混ぜて油や花椒を鍋底まで行き渡らせ、強火を当てます。そうすることで香りがぐんと立ちます。豆板醤はメーカーによって塩分がまちまちなので、塩を加える前に必ず味見をして、塩気を確認しましょう。

1

絹ごし豆腐はひし形に切り、ボウルに湯をはって入れ温める。わけぎは1㎝長さに切る。

2

フライパンにサラダ油を熱し、牛ひき肉を弱めの中火でパラパラに炒める。Ⓐの豆板醤を加え、よく炒めて香りを立たせ、残りのⒶを順に加えて炒める。

3

Ⓑを順に加えて全体に混ぜ合わせる。1の豆腐の水気をしっかりきって加え、中火で煮る。

4

煮詰まって水分が減ってきたら、1のわけぎを加えて強火で煮る。

5

水溶き片栗粉を少しずつ加え、豆腐を崩さないように玉じゃくしの背側で混ぜてとろみをつける。Ⓒを鍋肌から回し入れて大きく混ぜ、香りが立ったら青花椒をふってひと混ぜし、器に盛る。

教えて！脇屋さん

ご飯にも麺にも大活躍！万能肉みそ

ひとくくりに肉料理といっても、中国料理の持ち味は野菜がたっぷり入る点。この肉みそも肉より野菜の量が多く、ご飯や麺といった〝一皿ごはん〟でも栄養のバランスは良好です。香味野菜がたっぷりで食欲をそそる香りと辛さ。しっかりとろみをつけてあるので、何にかけても沈みにくく腹もちもグッド。中華麺だけでなく、うどん、パスタにもおすすめです。

材料（作りやすい量）

豚ひき肉……100g
ゆでたけのこ……50g
干ししいたけ（もどしたもの）……80g（2個）

Ⓐ
- 豆板醤（→P.147）……小さじ1
- 長ねぎ（みじん切り）……大さじ1
- にんにく（みじん切り）……小さじ1
- しょうが（みじん切り）……小さじ1
- 干しえび（もどしてみじん切り）……小さじ1

Ⓑ
- 紹興酒（→P.147）……大さじ2
- しょうゆ……大さじ2
- 鶏がらスープ……1カップ
- 砂糖……大さじ2
- 甜麺醤《テンメンジャン》（→P.147）……大さじ4

水溶き片栗粉（水1：粉1）……大さじ2強
ねぎ油（→P.129）……大さじ1
ごま油……大さじ1

干ししいたけ、ゆでたけのこ

豚ひき肉

左上から時計回りに、豆板醤、長ねぎ、にんにく、干しえび、しょうが

左上から時計回りに、鶏がらスープ、紹興酒、しょうゆ、甜麺醤、砂糖

左から水溶き片栗粉、ねぎ油、ごま油

●準備すること

もどした干ししいたけは、ゆでたけのことともにみじん切りにする。

❶フライパンにねぎ油を熱し、豚ひき肉を中火でパラパラに炒める。脂が出てきたら、Ⓐの豆板醤を加えて香りを出し、残りのⒶを加えて炒め、香りを立たせる。

❷たけのことしいたけを加えて炒め合わせる。

●保存

冷蔵庫で3日間もつ。

❸Ⓑを順に加えてそのつど混ぜ、2～3分煮る。

❹強火にして水溶き片栗粉を少しずつ加えてしっかり混ぜ、とろみをつける。鍋肌からごま油を回し入れてひと混ぜし、香りを立たせる。

万能肉みそでクッキング

肉みそのコクと辛みが麺にぴったり。
きゅうりでさっぱりといただけます。

ジャージャン麺

きゅうりは皮をむいてせん切りにし、中華麺をゆでて器に盛り、万能肉みそ（右ページの半量が1人分）ときゅうりをのせる。

脇屋シェフ特製 ねぎ油

香味野菜とねぎにじっくり火を通し、一晩おいて風味を油に移したものです。炒めものや和えものの最後に回し入れれば、一気に香り豊かになるすぐれもの。冷蔵庫で3か月はもつので、多めに作って、常備しておくと、便利です。

材料（作りやすい量）

長ねぎ（青い部分）……………… 100g
玉ねぎ……………………………… 50g
にんにく（つぶす）………………… 15g
しょうが（つぶす）………………… 30g
サラダ油………………………… 1カップ
ラード（→P.146。なければサラダ油）
…………………………………… $\frac{1}{2}$カップ強

❶長ねぎは鍋に入る大きさに切り、玉ねぎは縦半分に切って、1㎝幅に切る。
❷厚手の鍋に材料をすべて入れて弱火にかけ、ふつふつしてきたらねぎが焦げないように注意してとろ火にし、20分ほど加熱する。
❸そのまま一晩おいてからこし、瓶などに入れて保存する。

●煮る・蒸す

ロールキャベツ

長時間煮込んで、スプーンですーっと切れるほどキャベツがとろとろ。味つけはブイヨンにケチャップと少しの赤ワインだけと思えない、深い味わいです。ご飯を入れるのはロシア風。

材料(8個分)

豚ひき肉※1	300g
キャベツ(外側に近い葉)※2	16～20枚
玉ねぎ	½個
にんじん	¼本
しいたけ	2個
ベーコン	8枚
Ⓐ ご飯	50g
Ⓐ 溶かしバター	大さじ2
Ⓐ 塩	小さじ½
Ⓐ こしょう	こしょうひき10回し分
Ⓑ ケチャップ	½カップ
Ⓑ ブイヨン	320mℓ
Ⓑ 赤ワイン	大さじ2
Ⓑ バター	大さじ1⅓
塩	少量
イタリアンパセリ(みじん切り)	適量
付け合わせ:じゃがいものピュレ※3	適量

※1　ばら肉など、脂肪の多いもの。
※2　ほかに鍋の隙間に詰める分も用意する。
※3　P.72を参照して作る。
・長径25cm・容量3.2ℓの鍋を使用
・加熱時間:約3時間

1

キャベツは塩を加えた熱湯でしんなりするまでゆで、水にとって粗熱を取る。軸の部分をそいで水分を拭く。この部分は一緒に煮るので、とっておく。

2

しいたけは軸を切り落とし、玉ねぎ、にんじんとともに、5㎜角に切る。

3

ボウルに豚ひき肉と2、Ⓐを入れて手で粘らないよう手早く混ぜる。均一に混ざって肉がつながるようにする(右下)。8等分する。

4

たね1個をキャベツ1枚の芯に近いくぼんだ部分に置き、隙間ができないように包む。キャベツをもう1枚広げ、巻き終わりを下にしてくぼみに置き、二重に巻く。

5

ベーコンを1枚ずつ巻き、巻き終わりを下にして厚手の鍋に並べる。隙間に1でとっておいたキャベツの軸や使わなかった葉を詰めて動かないようにする。

6

Ⓑを加えて強火にかけ、沸騰したら弱火にする。蓋をして約3時間、全体がくったりとするまで煮る。付け合わせとともに器に盛り、イタリアンパセリをふる。

洋 七條さんから

キャベツがスプーンですーっと切れ、肉がホロリと崩れる柔らかさを目指しましょう。そのためにしっかり煮込んでください。キャベツやひき肉、ベーコンの旨みをしっかり吸ったご飯が、つなぎの役目も果たし、煮込んでもパサつきません。煮込んでいる間に崩れないように、鍋の隙間にゆでたキャベツを詰めましょう。このキャベツもとろとろでおいしいですよ。

ひき肉は粘らせずにつなげる

ロールキャベツやハンバーグなど、ひき肉を練って肉だねを作るとき、粘らせてしまうことがあります。これは脂肪が溶けた状態。このまま加熱すると、溶け出た脂肪とともに旨みも流出してしまいます。そうならないように、練るときには肉を直前まで冷やしておき、手早く練って手の温度で脂肪が溶けるのを防ぎます。そして肉と肉が糸を引いたようにつながった状態を目指しましょう。

しいたけともち米の焼売

しいたけの帽子をかぶった焼売（シュウマイ）はもち米入り。肉の旨みがしっかりもち米に入って、肉だけの焼売より不思議と肉のおいしさが際立ちます。

材料（12個分）

- 豚ひき肉※1 …… 80g
- もち米※2 …… 150g
- しいたけ（小）…… 12個
- ゆでたけのこ …… 30g
- にんじん …… 30g
- 干し貝柱（→P.148。もどしてみじん切り）…… 15g
- 焼売の皮（大判）…… 12枚
- Ⓐ
  - 鶏がらスープ …… 1カップ
  - しょうゆ …… 大さじ1
  - 砂糖 …… 大さじ1
  - 酒 …… 小さじ1
- Ⓑ
  - 鶏がらスープ …… 大さじ3
  - オイスターソース（→P.147）…… 小さじ1½
  - しょうゆ …… 小さじ1
  - 紹興酒（→P.147）小さじ1
  - 砂糖 …… 小さじ½
  - 塩 …… 小さじ¼
  - こしょう …… 少量
- ねぎ油（→P.129）… 大さじ1

※1　できればばら肉をひいたもの。
※2　洗って水に浸し、一晩おく。

脇屋さんから

煮汁に肉の旨みをしっかり移しましょう。その煮汁をもち米が吸います。包むときはあんの温度を冷ましすぎないように。もち米は冷えると堅くなって包みにくくなります。あんはへらで平たく押しつけてから、指に添わせて筒状に。そうすると隙間なく詰められて形を作りやすいですよ。多少うまくいかなくても帽子をかぶせるので大丈夫（笑）。

1

もち米は水気をきり、ふきんで包んで蒸気の上がった蒸し器で15分蒸す。水½カップほどをかけてさらに15分蒸す。Ⓑは合わせる。

2

しいたけは軸を切り落とし、軸は石づきを除いてみじん切りにする。にんじんは5mm角、5cm長さのものを12本作る。たけのこはみじん切りにする。

3

鍋にⒶを煮立てて2のしいたけの笠を3～4分煮る。冷めたら中央に箸で穴をあけ、2のにんじんを差す。

4

フライパンにねぎ油を熱して豚ひき肉を中火で色が変わるまで炒め、2のしいたけの軸とたけのこ、干し貝柱を順に加えて炒める。合わせたⒷを加えて少し煮て味をなじませる。

5

1のもち米をボウルに移して4を加え、よく混ぜ合わせて米に煮汁を含ませる。粗熱が取れるまでおく。12等分にする。

6

手のひらに焼売の皮を広げて中央にあんをのせ、へらであんを押しつける。

7

親指、人指し指、中指を筒状にして小指と薬指で皮の底を支え、さらにへらであんを加え、焼売を円柱形にととのえる。

8

蒸気の上がった蒸し器に穴のあいたオーブンシートを敷く。7に3をのせて並べ、水滴が落ちないように、蒸し器と蓋の間にふきんを挟み、強火で3分蒸す。器に盛る。

豚ひき肉と卵の香り蒸し

ゆるゆるに蒸し上げた卵液に肉あんがアクセント。
繊細な口あたりはスープ感覚、
すくうと崩れるほどのゆるさが持ち味です。

材料（2～3人分）

豚ひき肉……………………100g
卵……………………………1個
Ⓐ 鶏がらスープ…$1\frac{1}{2}$カップ
　 塩………………ひとつまみ
Ⓑ 長ねぎ（みじん切り）
　 ……………………大さじ1
　 しょうが（みじん切り）
　 ……………………大さじ1
Ⓒ 紹興酒（→P.147）
　 ……………………大さじ1
　 しょうゆ……………大さじ2
　 みりん………………大さじ2
　 鶏がらスープ………大さじ1
　 こしょう
　 ………適量（多めでも）
　 水溶き片栗粉（水7：粉3）
　 ……………………小さじ1
サラダ油・ごま油……各小さじ1
万能ねぎ（小口切り）………適量

・650～700mℓ入る器を準備する。

1 卵は泡立て器でこしがなくなるまでしっかりとき、Ⓐを混ぜてボウルにこし入れる。器に注ぎ入れ、アルミ箔で蓋をして蒸気の上がった蒸し器で強火で約13分蒸す。

2 鍋にサラダ油を熱し、豚ひき肉を中火でパラパラに炒め、Ⓑを順に加えて香りが立つまで炒める。Ⓒを順に加えてそのつど混ぜ、鍋肌からごま油を回し入れてひと混ぜし、香りを立たせる。

3 1の中央にそっと静かに2をのせ、万能ねぎをふる。

中 脇屋さんから

日本の茶碗蒸しよりずっとゆるい配合で、崩れる寸前の柔らかさに仕上がります。蒸すとき、〝す〟が入らないように注意してください。蒸し時間は器の大きさによって微妙に違うので、少し早めにのぞいてみましょう。肉のあんは静かにそっとのせること。ちょっとした衝撃で崩れますから、食卓に運ぶまで気をつけてくださいね。カップに1人分ずつ蒸すのもおすすめです。

鶏団子鍋

鶏団子はほろほろとほぐれる柔らかさ。煮汁にキャベツとひき肉から旨みがしみ出て飽きのこない上品なチキンスープに、体が芯から温まります。

材料（2人分）

- キャベツ……200g
- しらたき……150g
- 長ねぎ……1本
- しめじ……1パック
- Ⓐ
  - 鶏ひき肉……200g
  - 長ねぎ（みじん切り）…40g
  - とき卵……1個分
  - しょうゆ……大さじ$\frac{2}{3}$
  - 水……大さじ$\frac{2}{3}$
  - 薄力粉……大さじ$1\frac{1}{3}$
- Ⓑ
  - 水……1ℓ
  - 薄口しょうゆ……大さじ4
  - 昆布（5cm角）……1枚

1 ボウルにⒶを入れて手で手早く混ぜ合わせて肉だねを作る。

2 キャベツは5cm角ほどに切る。長ねぎは斜め切りにする。しめじは石づきを取ってほぐす。しらたきは5cm長さに切って水からゆで、沸騰したらざるに上げて水気をきる。

3 土鍋にⒷと2のキャベツ、しめじ、しらたきを入れて火にかけ、ひと煮立ちさせる。

4 1を入れる。片手に肉だねを持ち、親指と人差し指の間から絞り出し、スプーンにとって落とす。

5 煮汁が沸いて鶏団子が浮いてきたら弱火で3分ほど煮て、2の長ねぎを入れてさっと煮る。

和 野﨑さんから

水分をたっぷり含んだ、柔らかジューシーな鶏団子を目指しましょう。そのためには肉だねを混ぜるとき、練りすぎて粘り気を出さないことが大切です。手早く、手を大きく回して、空気をたっぷり含ませましょう。だしとして用意するのは昆布だけですが、鶏肉とキャベツから旨みと甘みがしみ出るので、味わい深く仕上がります。

●揚げる

メンチカツ

肉だねは、旨みたっぷりの肉汁を含んでジューシー。高温でカリッと揚げ、余熱で中まで火を通すので、揚げすぎることもなく柔らかな食感です。

洋 七條さんから

肉だねはハンバーグと同じで、食べごたえのある牛肉が中心です。上手に揚げるコツは、油の量に対して$\frac{1}{3}$以上入れないこと。一度にたくさん入れると温度が一気に下がります。低い温度だと油をたくさん吸ってカリッと揚がりません。最適な温度をキープすることが大切です。そして油から引き上げたときはまだ中心まで火が通っていません。そこから1～2分が大事な余熱タイム。休ませてから盛りつけると、ほどよい食べ頃になります。

材料（5個分）

- 肉だね（→P.119）……全量
- 薄力粉……適量
- とき卵……2個分
- パン粉……250g
- 揚げ油……適量
- 付け合わせ※：キャベツのサラダ・トマト……各適量

※キャベツのサラダはキャベツはせん切り、きゅうり、紫玉ねぎは薄切りにし、にんじんはピーラーでそぎ、貝割れ菜は根元を落とし、すべてを混ぜて水にさらし、パリッとさせてよく水気をきる。トマトはくし形に切る。

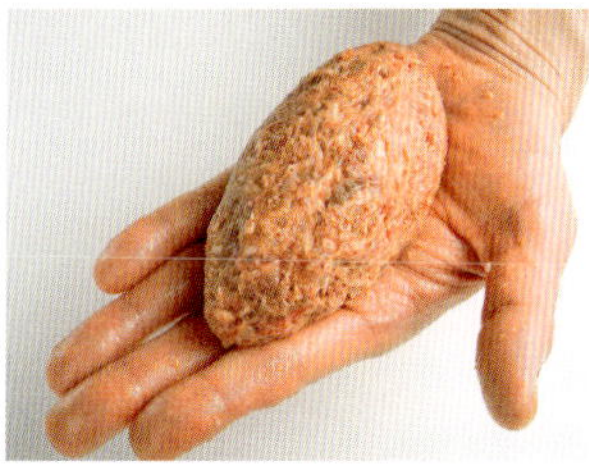

1

ハンバーグステーキ（→P.119）の作り方**1**～**5**を参照して肉だねを作り、5等分して3cm厚さの小判形にまとめる。

2

揚げ油を熱し始める。**1**に薄力粉をまぶして余分な粉を落とし、とき卵にくぐらせる。

3

パン粉をたっぷりつけ、手で軽く押さえる。揚げるときにはがれるので、多めにつけておく。

4

175～180℃（パン粉を落とすと鍋底に落ちず、浮いている状態）になったら**3**をそっと入れる。

5

浮いたパン粉はすぐに網じゃくしですくう。そのままにしておくと鍋底に落ちて、焦げの原因になる。

6

約7分、泡が細かくなって浮いてきたら引き上げる。きれいな焼き色がついていればOK。

7

揚げ網にのせて油をきって1～2分休ませる。半分に切って付け合わせとともに器に盛る。

教えて！七條さん

鶏ひき肉で 感動のコンソメスープ

「レストラン七條」で隠れた人気メニューといえばコンソメスープ。雑味のない澄んだスープで、すっきりしていながら強い旨みが魅力です。「こんなスープ、市販のブイヨンを使ってできませんか？」とうかがうと、数日後「コンソメ、やってみましたよ。同じものは難しいのですが、店と同じく、肉と野菜で旨みを足して、卵白にあくを吸着させる方法です」と七條さん。肉と野菜の旨みを感じる本格コンソメスープ。口に含むとさらっとしていながら、じんわり体にしみわたるやさしい味です。温度管理が大切なので、料理用の温度計を準備しましょう。スープだけでなく、このスープで作る人気のジュレも教えていただきました。

材料（でき上がり3～3½カップ分）

鶏胸ひき肉……200g
玉ねぎ……50g
にんじん……50g
セロリ……50g
卵白……80g（2個分）
ブイヨン※……1ℓ

※市販のスープの素をそのまま飲んでおいしいと感じる濃さに、湯で溶いて常温にする。
＊スープの浮き身にはにんじん、さやいんげんなどの野菜を細切りにしてゆでたものや、鶏ささ身や鶏胸肉をゆでて細く裂いたものを用いる。

脂肪の少ない鶏胸ひき肉を使用する。

野菜はみじん切りにする。

卵白はしっかりとく。

ブイヨンは常温に冷まして使う。

器／Verre（ヴェール）

❶ブイヨン以外の材料を鍋に入れて混ぜる。

❷ブイヨンを加えて強火にかける。温度計ではかりながら鍋底が焦げないように、ゆっくり混ぜる。

❸70〜75℃になったら弱火にし、スープがスムーズに対流できるように、中央に浮き上がってきたひき肉をへらでよけ、まん中をあけておく。うまく対流していたら混ぜないこと。

❹中央からスープが静かにわき上がり、卵白とあくが一緒に固まってくる。

❺玉じゃくしですくってはまわりにのせ、常に中央のあくをよけながら煮る。

❻スープの濁りが取れてだんだん澄んでくる。約1時間煮続ける。

❼スープが完全に澄んだ状態になったら火を止め、対流が止まるまで5分ほどおく。

❽ざるにペーパータオルを2枚広げ、その上にもうひとつざるを重ねる。スープを鍋の中央からそっとすくってこす。味をみて足りないようなら塩（分量外）を加える。

コンソメスープでクッキング

うにのコンソメジュレ

コンソメスープがきらめくジュレに。濃厚なうにとすっきり味のコンソメは相性抜群です。冷たいうちにいただきます。

材料（1人分）

コンソメスープ（→P.138）	1カップ
板ゼラチン	6 g
うに（生食用）	10腹
生クリーム	大さじ1
飾り：ディル	適量

❶板ゼラチンは冷水に浸してふやかす。器にうにを盛って冷蔵庫に入れる。
❷鍋にコンソメスープを入れて火にかけて温め、❶のゼラチンを加えて溶かす。
❸氷水に当てながら混ぜて冷ます。とろみがついたら❶のうににかけ、生クリームをかける。ディルを飾る。

ダブルひき肉でとる すっきり中華スープ

材料（でき上がり1.8ℓ分）

鶏ひき肉※1	500g
豚ひき肉※2	500g
長ねぎ	10cm
しょうが	½かけ
水	2ℓ

※1　できればもも肉をひいたもの。
※2　できればばら肉をひいたもの。

鶏肉と豚肉、２種類の肉を使うことで、よりコクのあるスープになる。

肉の臭みを消す香味野菜。つぶさずそのまま使う。

❶鍋にすべての材料を入れて、ひき肉がバラバラになるように、混ぜてよくほぐす。

❷中火にかけてひき肉が底にたまって焦げつかないよう、静かに混ぜる。

❸沸騰したら弱火にして、あくをすくう。

教えて！脇屋さん

この本の脇屋さんレシピで使用するだしは、市販の鶏がらスープでもかまいませんが、実は家庭でも簡単に、身近なひき肉でおいしいスープがとれるのだそうです。それも調理時間はたった1時間ほど。早速教えていただきました。味つけをする前のスープをいただくと、ほんのりした旨みと甘みが体にじんわりとしみわたります。香味はねぎとしょうがだけ、余計なものが入っていない肉だしならではのおいしさです。「スープをとったあとのひき肉は、高菜漬けや野沢菜漬けと炒めて、チャーハンにするとおいしいですよ」と脇屋さん。捨てるところがない、一石二鳥のスープ作りです。

中華スープでクッキング

❶ゆでたけのこ、干ししいたけ、きくらげはせん切りに、帆立貝柱、豆腐は細切りにする。かに肉はほぐす。
❷鍋にⒶを入れて沸かし、豆腐以外の❶を入れてひと煮立ちさせ、味をみて足りなければ塩（分量外）でととのえる。
❸豆腐を加えて沸いたら水溶き片栗粉を加え、豆腐がつぶれないように注意してよく混ぜる。
❹器2つを温め、Ⓑをそれぞれに半量ずつ入れる。
❺❸にとき卵を回し入れ、卵がふわっとしたらごま油を回し入れる。❹の器に入れ、混ぜていただく。

材料（2人分）

- ゆでたけのこ……50g
- 干ししいたけ（もどす）……1個
- きくらげ（乾燥をもどしたもの）…10g
- 帆立貝柱……1個
- 絹ごし豆腐……50g
- かに肉（缶詰）……10g
- とき卵……1個分
- Ⓐ
  - すっきり中華スープ（→P.140）……2カップ
  - しょうゆ……小さじ1
  - 酒……小さじ1
  - 塩……小さじ1
- Ⓑ
  - こしょう……小さじ$\frac{2}{3}$
  - 酢……大さじ$2\frac{2}{3}$
- 水溶き片栗粉（水1：粉1）……少量
- ごま油……少量

・麺を入れて酸辣湯麺にすることもできる。その場合は、塩小さじ1を足す。

自家製中華スープをたっぷり味わうなら、人気のこの一品を！
味の決め手の酢とこしょうは煮込まず器に準備し、
スープを注ぐと、ガツンと酸味と辛みが香り立ちます。

酸辣湯 サンラータン

❹煮立てないようにことこと30〜40分静かに煮る。ひき肉があくとともに固まってふわーっと浮き上がり、スープが澄んでくる。

❺澄んだスープを玉じゃくしでそっとすくい、ざるで静かにこす。浮いている脂を取り除く。

買うときに便利

肉の部位解説

本書では豚、牛、鶏の3種とひき肉の料理を紹介しています。どの肉も部位によって性質が違い、それぞれ向いている調理法があります。ですから、それぞれに指定の部位を明記しましたが、性質が似た部位なら代用も可能です。迷ったときはこのページで確認してください。

豚肉

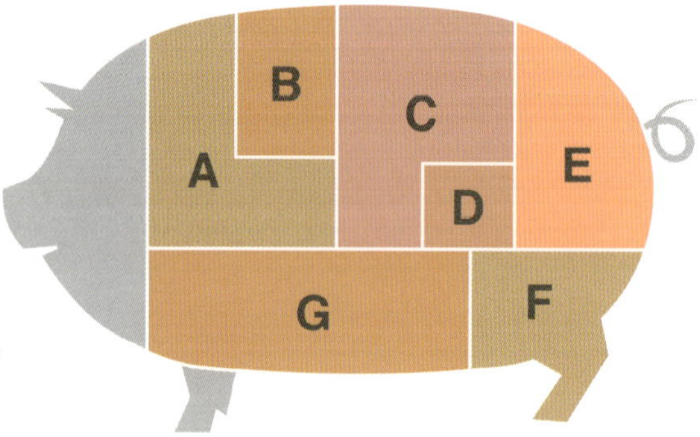

あっさりした後味ながら深い味わいが魅力。
牛肉ほど部位による差はなく、
どの部位も家庭で料理できます。
大きく分けて7つの部位に分けられます。

G ばら

腹の部分の肉で、赤身と脂肪が層になっており、別名「三枚肉」と呼ばれる。脂肪が多いが、その分香りもよく、濃厚な味わい。骨付き肉はスペアリブと呼ばれる。

角煮、シチューなどの
煮込み料理やベーコンなど
肉加工品、炒めものに

こま切れ肉はどこの部位？

特定の部位があるわけではなく、ももやばらなど複数の部位の切れ端を集めたもの。小さめに切った野菜と炒めたり、豚汁などに使えます。ちなみに、特定の部位の切れ端を集めたものは切り落とし肉と呼ばれます。

D ヒレ

ロースの内側に沿って左右1本ずつある希少部位。最もきめが細かく柔らかい。脂肪が少なく淡泊な味わいで、煮込むとパサつくため、焼く、揚げるなど油を使った料理に。

とんかつなど揚げもの、ステーキ、
ソテーなどに

E 外もも

運動量の多い部位なので、やや堅めで脂肪が少なくさっぱりとした味わい。さまざまな料理に使えるが、筋が多い部分は煮込むのがおすすめ。

ソテー、ハム、シチューなどに

F 内もも

脂肪が少なくきめ細かくて柔らかい。さまざまな料理に使えるが、長く火を通し続けるとパサついて堅くなるので、煮込みには不向き。

ローストポーク、ステーキ、
焼き豚、ハムなどに

A 肩

運動量の多い部位なので、筋肉質で堅めだが味が濃厚。筋肉の間に脂肪も少し含む。長時間煮込むとコラーゲンがゼラチン化して柔らかくなる。

シチューや煮豚など煮込み
料理に。炒める場合は
できるだけ薄切りで

B 肩ロース

赤身の中に網状に脂肪が混ざり、赤身と脂身のバランスがよい。ロース特有のきめの細かさがあり、豚肉のなかでも一番旨みとコクがある。

焼き豚、カレー、
しょうが焼きなどに

C ロース

背中の中央の肉で、旨みを含む厚い脂肪に覆われてきめが細かく柔らかい。赤身と脂肪が均一でバランスがよく、どんな料理にも使える。

とんかつ、ローストポーク、
焼き豚などに

G 外もも

最も運動する部分で、全体に筋肉質できめが粗く堅い。脂肪は少なくさっぱりしているが、味はよいので煮込みに。塩漬けにすると柔らかくなる。

ポトフ、カレーなど煮込み料理に。
薄切りは炒めものに

H 内もも

筋肉が集まる、大きな赤身のかたまり。やや堅めで脂肪分が少なく、淡泊な味わい。ほとんどの料理に用いることができる万能な部位。

ローストビーフ、煮込み料理、ステーキ、
ソテーに

I すね

よく動かす部位なので、筋肉質で堅く、筋膜や腱が集中している。コラーゲンが豊富で濃いスープもとれる。この部位のひき肉は上質とされている。

ポトフなど煮込み料理に。骨付きでスープに

D サーロイン

リブロースに続く背肉の部分で、きめが細かく柔らかい。脂肪が霜降り状に細かく入るほどランクが上がる。どんな焼き方でも対応できる優秀な部位。

ステーキ、ローストビーフ、
しゃぶしゃぶなどに

E ランプ

もも肉の中でサーロインに一番近く、赤身肉ながらも適度に脂肪が混じり、きめが細かく柔らかい。あっさりしながらも、味わいが深くステーキに最適。

ステーキ、焼き肉、ローストビーフ、ソテー、
煮込み料理に

F ヒレ

最も運動量が少ない部位で、きめが細かくきわめて柔らかい。脂肪が少なく赤身のなかで最上級で、1頭から取れる肉は3%の希少な部位。加熱しすぎるとパサつく。

ステーキ、カツレツ、カルパッチョなどに

A 肩

筋や筋膜が多く、きめが粗くて堅い。旨みが強いので濃厚なブイヨンがとれる。さまざまな性質を持つため、ひき肉にして均一に混ぜると深い味わいに。

シチュー、カレーなど煮込み料理に。
筋を切ればすき焼き、しゃぶしゃぶに

B 肩ロース

やや筋があるが、きめが細かくて柔らかい。筋肉中に適度な脂肪分が霜降り状に入るためコクがあり、風味がよい。筋が気になるので、厚切りには不向き。

しゃぶしゃぶ、すき焼きなどの薄切り料理に

C リブロース

きめが細かく最も霜降りが多い。牛肉のなかでも最高部位のひとつとされ、肉そのものを味わう料理に最適。「あばら骨の背肉」という意味を持つ。

ローストビーフ、ステーキ、すき焼き、
しゃぶしゃぶなどに

J ばら

あばら骨周辺の部位で、呼吸をするため常に動いているのでやや堅い。繊維質、筋膜が多くきめは粗いが、脂肪が多く味が濃厚。濃いスープがとれる。

煮込み料理に。薄く切って焼き肉、
ソテーなどに

すじ G、H、Iなど

アキレス腱部分をはじめ、すね、もも、首などから取れる腱のついた肉のこと。独特の臭みがあり堅いが、しっかり煮込むととろとろと柔らかくなる。コラーゲンが豊富だが、脂肪も多いため煮汁に浮かんだ脂肪はこまめに取り除くこと。

おでんやシチューなど煮込み料理に

牛肉

肉らしい野性的な味で、
堅い部位と柔らかい部位に分かれ、調理法を選びます。
家庭で料理しやすい部位を紹介します。

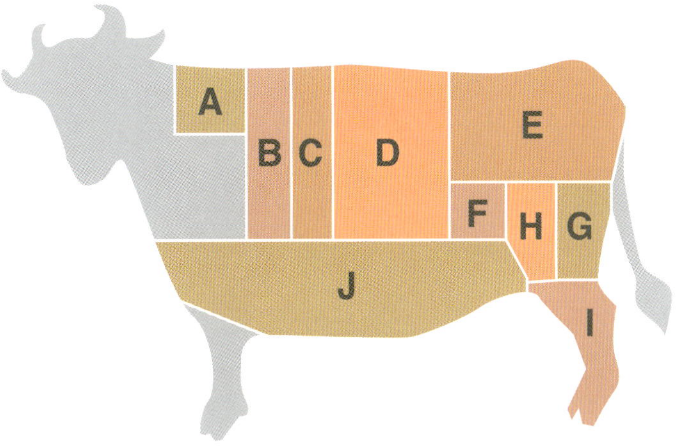

鶏肉

ほかの肉に比べて水分が多く、淡泊な味。
焼き鳥店でおなじみの部位も数種ありますが、
家庭で料理しやすい部位を紹介します。

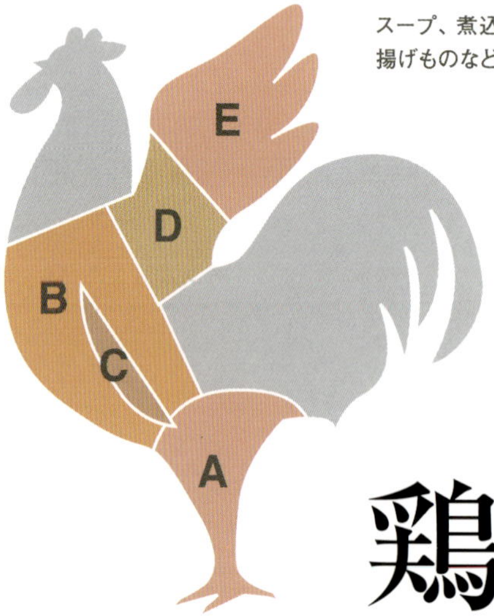

すべての部位を食す丸鶏

韓国料理の参鶏湯《サムゲタン》、ローストチキンなどでおなじみの丸鶏。本書でもP.91に「丸ごと一羽のしょうゆ鶏」というレシピを紹介しています。丸鶏は腹腔から内臓などを取り出した状態で市販されています。骨付きなので、コラーゲンが豊富で火を入れてもパサつかず、脂肪分の少ない部位もしっとりとした仕上がりに。じっくり煮込むと骨からも旨みが出て、おいしいスープもとれます。内側に血液が残っていると臭みが出るので、きれいに洗ってください。その際、尖った骨に気をつけて。平均的な中サイズの目安は、内臓が抜かれた状態で約1.2kgです。

A もも

ほかに比べて筋肉質で堅めだが、脂肪が多く味もしっかりしてコクがある。骨のそばに旨みがあるので、骨付きがあれば煮込みや揚げものに。

照り焼き、から揚げ、ソテー、
コンフィ、煮込みなど
ほとんどの料理に

B 胸

手羽を除いた胸の部分。脂肪が少なく淡泊な味。火を通しすぎるとパサつきが気になるが、工夫次第でしっとり（→P.106）。

サラダ、蒸し鶏、フライ、
ソテーに。コクのあるたれや
ソースを合わせる

C ささ身

深胸筋の部分で両胸の内側に1本ずつある。牛や豚のヒレに当たり、低脂肪高たんぱくで風味は淡泊。中央に堅い筋があり、取り除いて料理すること。

サラダ、蒸し鶏、フライなどに

D 手羽元

別名ウイングスティック。手羽先に比べて肉づきがよく、食べごたえのある部位。脂肪が少なく、あっさりとして淡泊な味だが、肉質が柔らかくておいしいだしもとれる。食べやすく加工されたチューリップと呼ばれるものもこの部位。

煮込み料理、揚げもの、
ローストなどに

E 手羽先

手羽元に比べてゼラチン質や脂肪が多く、濃厚な味わい。肉はあまりないが骨からしっかりだしが出るので、スープや煮込みに。先端を切り落としたものは手羽中と呼ばれる。手羽元と同様、チューリップに加工されたものも出回る。

スープ、煮込み料理、
揚げものなどに

ひき肉

肉それぞれの堅い部分や、
切り落とした肉をひいたもの。
なめらかな食感にしたいときは、二度びきを、
肉っぽさを残したいときは粗びきを選びましょう。
特定の部位を使いたいときは、
かたまりや薄切りを購入して、
ひいてもらうか好みの粗さに刻むこと。
ひき肉は空気に触れる面が多く、
傷むのも早いので注意しましょう。

鶏ひき肉

皮を含むさまざまな部位を混ぜてひいたもの。胸やもも、ささ身など特定の部位も出回る。胸ひき肉は、脂肪が少なくあっさりとしていて、冷めても食べやすいのでお弁当にも。

合いびき肉

牛肉と豚肉を混ぜてひいたもので、配合はさまざま。料理にふさわしい配合のものを選ぶとよい。適度な肉の食感と柔らかさを持ち、使いやすい。

牛ひき肉

すねや肩など筋や筋膜が結集した堅い部分と、脂肪の多いばら肉が混ざっていることが多い。肉らしいしっかりとした味だが、牛100%のものは堅く締まりやすい。

豚ひき肉

赤身と脂肪の多い部位を混ぜてひいたものがほとんど。赤身中心のものはローカロリーだがパサつきやすい。牛肉より柔らかくてどんな料理にも使える。

早くて安全なのは「氷水」解凍

特売日にまとめ買いして冷凍したり、通販で冷凍肉が宅配されたりと、冷凍の肉が一般化しています。そんなせっかくの肉が解凍の仕方でまずくなってしまうことも……。そこで上手な解凍を「肉は科学の力でおいしくなる（→P.110）」の水島さんにうかがいしました。

早くて安全なのは「氷水」解凍とのこと。方法はいたって簡単で、ボウルに氷水をはり、中に袋に入れた肉を沈めるだけ。肉は冷凍前に袋に入れて、空気を抜いておきましょう。また浮く場合は重しをしましょう。

ではどうして氷水なのでしょう？　ひとつは空気より水のほうが熱伝導率がよいため。そしてもうひとつは異なる温度のものを合わせるとき、差が小さいほど早く同じ温度になる性質があるためです。

また表面の温度が1℃を保てるので、安全面でも安心です。たとえば、かたまり肉を常温で解凍すると、表面は温かくなったのにまだ中心部分は凍ったままということがありませんか？　この方法なら雑菌が繁殖するといった心配がありません。試してみてください。

肉料理をおいしくする
調味料・食材・香辛料&ハーブ図鑑

本書に登場した肉料理を作るために、知っておきたい調味料や食材を紹介します。中国料理やフランス料理で使われるものが多いのですが、隠し味もあれば、味の決め手になるものもあります。最近は大手のスーパーのほか、専門店やインターネットでの購入もできますので、ぜひ試してみてください。

バルサミコ酢

イタリア特産で、アチェート・バルサミコ(香りのいい酢)のこと。ブドウ汁を煮詰め、木樽で長期間熟成させて造られる。香り・酸味・コク・甘みが特徴で熟成年数によって深みが異なる。ソースに使う際は酸味が甘みに変わるまで火入れを。

ワインビネガー

ワインから造られる酢のことで、赤ワイン、白ワインから造られ、それぞれを彷彿とさせる香りがある。フランスでは酸度6%という基準があり、米酢より酸度が高く、きりりとしているので、ドレッシングに使っても後味すっきり。

マデイラ酒

別名マデイラワイン。ポルトガルのマデイラ島で生産される酒精強化ワイン。甘口から辛口まであり、濃厚な甘さと香りでソースを風味豊かにする。料理酒として使う場合には深い甘さが持ち味の甘口がおすすめ。

ラード

豚の背脂のことで100%豚脂のものを「純製ラード」という。少量タイプが家庭用として市販されている。餃子など中国料理に使うと風味が増し、揚げものに使うとカリッと揚がる。表面をコーティングして保存性を高めるので、リエットに欠かせない。

ブイヨン

フランス語で洋風料理のベースに使われる「だし」のこと。「コンソメ」は澄んだスープのことで、「ブイヨン」をベースに味をととのえたものを意味するが、市販のネーミングはいろいろ。濃縮したものが出回る。塩などで調味されたものがほとんどなので、塩分濃度を確認して使うこと。

甜麺醤 (テンメンジャン)

小麦粉を原料にし、麹を加えて造る中国の甘いみそのこと。深い褐色をし、まろやかな甘みが特徴。回鍋肉や肉味噌で、独特の甘みやコクが生まれる。炒める際は味が均一に広がるように、しっかりと混ぜきることが大切。

鶏がらスープ

鶏がらをじっくり煮出してとったスープで、濃縮した顆粒は量を加減しやすく、溶けやすいのが魅力。適量の湯で溶いてスープとして用いるほか、料理の仕上げに少量加え、コクを出すのにも便利。メーカーによって塩分が異なるので、塩を加減して。

オイスターソース

かきのむき身を煮込んでからこして、さらに煮詰めたものや、塩漬けにして発酵させてから煮て絞り、さらに煮詰めたものなど製法はさまざま。かきのエキスで濃厚な風味と旨みが特徴。少量でも料理に香りとコクをもたらす。かき油ともいう。

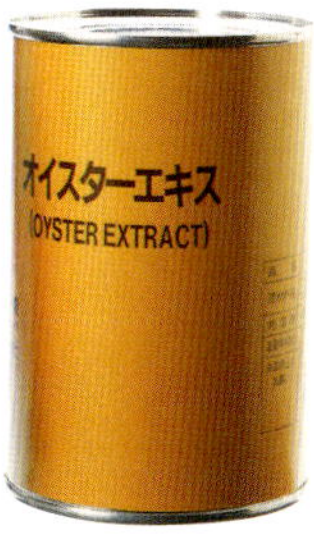

紹興酒 (しょうこうしゅ)

もち米が主原料で、中国の浙江省紹興一帯で造られる中国の代表的な醸造酒。豊富なアミノ酸と独特の香りが料理に旨みとコクを与えるので、中国料理の調味料として必須。肉の臭みを抑え、柔らかくする効果も高い。

豆板醤 (トウバンジャン)

そら豆を原料とする中国の塩辛いみそ。本場中国では唐辛子が入らないものをこう呼ぶが、日本では唐辛子入りのこと。製品によって塩分が違うので、濃度は確認を。加熱の際、最初によく炒めて香りを出してから、材料を入れるといい。

芝麻醤 (ジーマージャン)

いった白ごまをすり、サラダ油、ごま油でのばしてなめらかにしたペーストで、日本の練りごまより深いりで、粒子も粗め。瓶詰が市販されている。香ばしさは弱くなるが、練りごまを火にかけて、サラダ油とごま油を加える方法で、手作りすることもできる。

中国黒酢

中国にはいろいろなタイプの黒酢があるが、料理によく使われるのが「香醋（シャンツウ）」。なかでも有名なのが鎮江香醋。酢独特の刺激臭が少なくて口あたりがマイルド、香りがよいのが魅力。調理の仕上げに入れると風味が生きる。

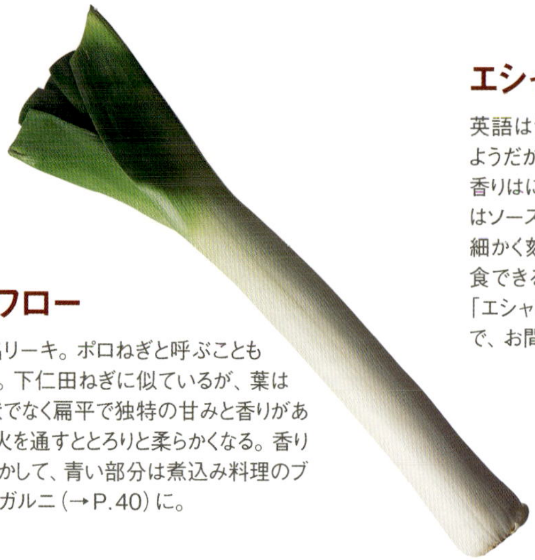

ポワロー

別名リーキ。ポロねぎと呼ぶこともある。下仁田ねぎに似ているが、葉は筒状でなく扁平で独特の甘みと香りがあり、火を通すととろりと柔らかくなる。香りを生かして、青い部分は煮込み料理のブーケガルニ（→P.40）に。

エシャロット

英語はシャロット。一見小さな玉ねぎのようだが、炒めても玉ねぎほど甘くなく、香りはにんにくほど強くないため、洋食ではソースやドレッシングによく用いられる。細かく刻むほど香りと味がよい。生食できるらっきょうが、似た名の「エシャレット」で流通するので、お間違えなく。

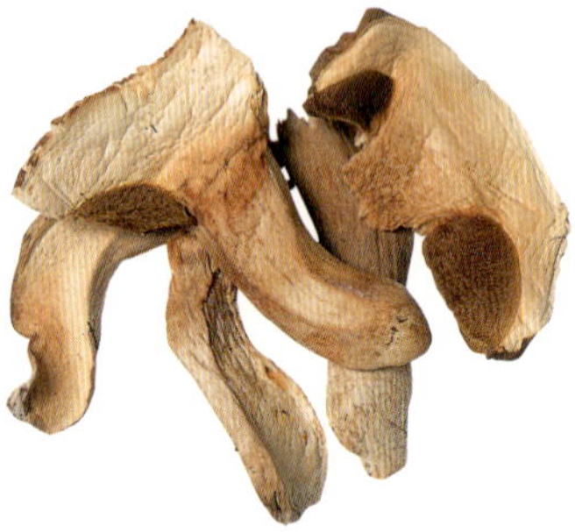

ポルチーニ茸（乾燥）

イタリアで採取されるきのこの一種で、芳潤な香りと旨みが強く、歯切れのよい食感も魅力。日本ではスライスされた乾燥品が出回る。ひたひたの水につけると、約30分でもどる。もどし汁も風味豊かなだしなので余さずご利用を。

ピータン

あひるの生卵の加工品で、甕で熟成させたもの。独特の風味と旨みが魅力。前菜がおなじみだが、和えたり炒めたりするとコク出しに。まわりのわらや泥を洗い流して使う。アンモニア臭が気になるものは少し放置してから食べるといい。

塩麹

調味料のひとつで、米麹・塩・水を混ぜて発酵させたもの。アミノ酸や乳酸菌を多く含んでいて、肉の漬け汁として用いると肉が柔らかくなり、まろやかな塩味がしみこむ。炒めたり、和えたりする際に味つけとして加えてもいい。

干し貝柱

帆立貝や平貝の貝柱を塩水でゆでて乾燥させたもの。強い旨みが持ち味で「だし」に用いられるほか、料理にコクが生まれる。ボウルに貝柱を入れて、かぶるくらいの水を注ぎ、蒸し器で2時間蒸すと柔らかくもどる。一晩水につけてもどしてもいい。

デミグラスソース

肉と野菜の旨みが凝縮された褐色ソース。バターと小麦粉をじっくり炒めたルウを香味野菜やブイヨンで長時間煮詰めたもので、洋食の煮込み料理のベースになる。液体、顆粒いずれも市販されているので、使いやすいものを選んで。市販のソースをもとに、本格的なデミグラスソースも作れる（→P.52）。

ケイパー（酢漬け）

フウチョウソウ科の低木の花のつぼみで塩漬けや油漬けもある。酢漬けは、独特の香りと酸味でコルニッションと並んで、肉の付け合わせの定番。つぼみではなく実のピクルスもある。刻んだものをマヨネーズに混ぜたりして、ソースに。

エストラゴン（酢漬け）

英語ではタラゴン。酢漬けはハーブビネガーの定番で、アニスに似た淡い芳香とほのかな苦みがサラダ、マリネ、ソースの香りづけによく用いられる。茎は堅いので、刻んで使うときは、茎から葉を外し、葉のみを使うこと。

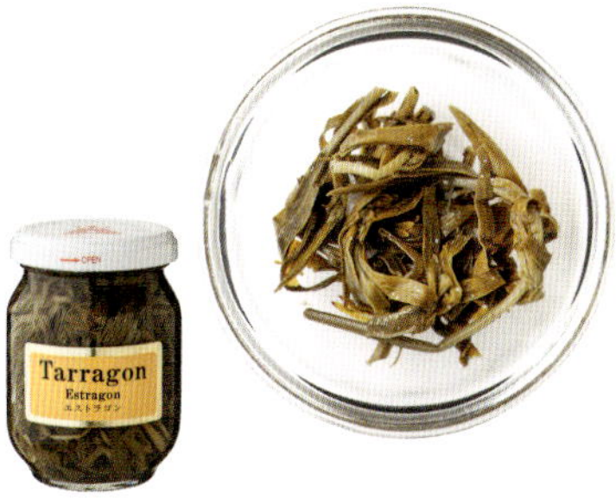

チャツネ

インド料理の薬味調味料。野菜や果物に調味料、香辛料を加えて、煮たり漬けたりしたジャム状のもの。カレーの風味づけには欠かせない。マンゴーチャツネのほか、複数の果物が使われたものもある。瓶詰やスティックで流通する。

バジルペースト

バジルの生葉で作る緑色のハーブペースト。瓶詰やチューブで流通する。多くはそのままソースになるよう調味してある。バジル、にんにく、チーズ、松の実などナッツ類を細かく攪拌し、オリーブ油を加えて塩で味をととのえれば、手作りできる。

アンチョビ

カタクチイワシ科の小魚のことだが、塩漬けにして熟成させ、オリーブ油に漬けた瓶詰や缶詰もこう呼ぶ。チューブタイプのペースト状のものもある。独特の香りとコクがあり、少量でも風味づけの効果は抜群。とても塩辛いので使いすぎに注意を。

コルニッション

もともとは小型きゅうりのことだが、今では酢漬けにしたものが、この名で流通する。カリッとした歯ごたえとすっきりとした酸味は、肉料理の付け合わせの定番。細かく刻んでドレッシングやソースに、スライスしてサンドイッチに挟んでも。

トマトペースト

トマトを長く煮込んでペースト状になるまで濃縮したもの。ケチャップと違って調味料で加工されていない、トマトそのものの味。カレーやデミグラスソースに加えるとコクが出る。瓶詰や缶詰、チューブ、スティックなどさまざまなタイプが流通している。

タプナード

フランス南東部プロヴァンス地方のペーストで、ブラックオリーブ、アンチョビ、オリーブ油、香草などを混ぜて作ったもの。グリーンオリーブで作ったものもある。鶏や豚など淡泊な風味の肉との相性もいい。

花椒（ホワジャオ）・青花椒（チンホワジャオ）

よく知られる中国の山椒「花椒」（写真右）は、日本産より香りも刺激も強いのが特徴。粒のほか粉末も市販される。最近注目されているのは写真左の「青花椒」。四川省特産の「藤椒」と呼ばれる山椒の実を青いうちに収穫し乾燥したもの。花椒より爽やかな辛みでライムのような香りがする。粉末はあまり市販されていないので、粒をすりつぶして使用を。

ナツメグ

ニクズクの種子の中にある核がナツメグ。独特の甘い香りがあり、細かなおろし金を使って削って使う種子や、粉末状になったものが市販されている。ひき肉料理の臭み消しや、ホワイトソースの風味づけに使う。ナツメッグと表記される商品もある。

五香粉（ウーシャンフェン）

中国料理のブレンドスパイス。多くは桂皮、クローブ、花椒、陳皮、ウイキョウまたは八角をベースに作られるが、５種類に限定したものではなく、いろいろなブレンドがある。調和のとれた爽やかな芳香が食欲をそそるが、風味づけだけでなく、肉料理の臭み消しにも欠かせない。

コリアンダー

葉や茎は、独特なくせのある味でスープに散らして用いられ、別名は香菜（シャンツァイ）、パクチー。写真は種（シード）で、レモンの皮とセージを合わせたような穏やかな香り。粉末にして、スープ、ソース、カレー粉に使う。

クローブ

和名は丁子（ちょうじ）。花をつぼみのうちに乾燥させたもので、ホールでも粉末でも流通する。独特の強い芳香があり、肉の臭みを消す効果は抜群。噛むと刺すような苦みと辛みがある。鎮痛や防腐、口臭予防効果もある。

八角（はっかく）

英語ではスターアニス。モクレン科のダイウイキョウの熟した果実を乾燥させたもので、さやごと中の種も一緒に使う。豚肉の臭み消しによく使われる。すっとする爽快感とともに独特の香りでこれを加えると一気に中国料理らしくなる。入れすぎに注意を。

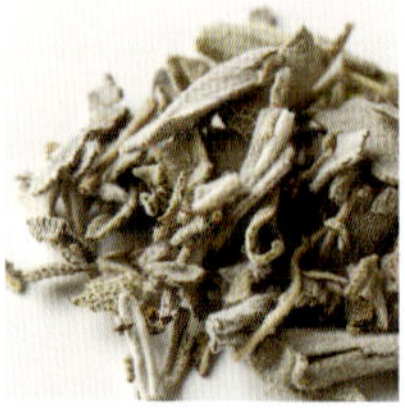

セージ

白いビロード状の軟毛で覆われた葉を生、乾燥、粉末で使う。高い芳香と渋み、苦み、抗酸化性を持ち、薬にも用いられる。肉の臭み消しは有用。ドレッシングやソース、カレーにも用いる。少量でもよく香るので使いすぎに注意。

クミン

カレーらしい香りのもとはこのクミン。ほのかに苦みと辛みがある。写真は種子で、種（シード）と粉末（パウダー）の両方が流通。香りはセリ科のキャラウェイやアニスに似ている。少量でも一気にスパイシーになり、ピクルスなどにも用いられる。

桂皮（けいひ）

シナモンの近縁であるカシアの樹皮をはぎ取り、発酵させて、乾燥させたもの。シナモンに似ているが、こちらのほうがややきつい芳香。刺激的な甘さと辛さ、爽やかな香りがし、中国料理のブレンドスパイス「五香粉」のひとつ。肉を煮るときの煮汁にもよく加えられる。

ローリエ

和名は月桂樹。煮込み料理の定番ハーブ。甘くくせのない香りなので、ほかのハーブとの相性もいい。市販されているのは乾燥した葉だが、生のほうが芳潤で香り高い。少量でもよくきくので、使いすぎに注意を。

パプリカパウダー

唐辛子の一種だが、赤唐辛子と比べると辛みが少ない。完熟した果肉を乾燥、粉末状にしたもの。甘酸っぱさを感じさせる香りと、かすかな苦みがある。サラダ、ドレッシング、スープなどの彩りと香りづけのほか、肉の下味つけにも使う。

キャトルエピス

直訳すれば4つのスパイス。フランスではポピュラーな混合香辛料。肉の煮込み料理などに利用される。こしょう、クローブ、ナツメグ、しょうが（またはシナモン）のミックスが主流だが、その配合はメーカーによって微妙に異なる。

ローズマリー

スパイシーで甘い香りが強い。味の個性の強い肉料理に向く。じゃがいもとの相性もいい。雑味が強いので、葉自体を食べるのには向かない。木化した枝は苦みがあるため、外して使う。少量でも香りが強いので、使いすぎに注意。

ガーリックパウダー

にんにくを乾燥させて、粉末状にしたもの。生に比べると香りは弱いが、料理に少量加えるだけで、コクが出る。肉類の下味つけにしたり、ドレッシングに混ぜたりなど、手軽に風味づけすることができる。

ガラムマサラ

インド料理には欠かせないミックススパイス。カレーの仕上げに入れる香辛料として有名。クローブ、カルダモン、シナモンを基本原料とし、クミンやコリアンダーなどが多少加えられている。おもに風味づけ用で辛みは少ない。

タイム

ほのかに甘く、きりっとすがすがしい香り。臭みを消して、肉の持ち味を引き立てる。フレッシュのほか、ドライは茎ごとのものと粉末がある。生葉は指で茎をつまんでしごくと、簡単に取れる。花にも甘みと香りがあるので、おいしいソースになる。

バジル

爽やかな風味とほどよい清涼感がある。強く触れたり、折ったりすると黒ずむので注意。低温に弱いので、保管は冷蔵庫に入れず切り戻して水挿しするか、冷蔵庫保存の場合は冷気を遮断できる箱に入れるといい。

カレー粉

コリアンダー、クミン、ターメリック、カルダモンなど、20～30種の香辛料がミックスされたカレーのためのスパイス。料理をカレー風味に仕上げたいとき便利。ブレンドによって味が異なるので、お好みのものを。

基本の料理用語集

レシピに出てくる基本のことばです。調理の仕方に迷うことがあったら、確認してみましょう。

【あ】

和える
下ごしらえをした素材に、調味料や調味した衣を混ぜて味をからませること。

揚げる
材料や衣によって、適した温度がある。一般に、低温は160℃くらい。中温は170～180℃。高温は190℃くらいとされる。

あく抜き、あくを取る
肉や野菜などに含まれているえぐみや渋みなどを取り除くこと。下ごしらえとして行うときは「あく抜き」といい、ごぼうを水にさらしたり、しらたきをゆでたりする。材料を煮るとき、浮いてきた白い泡状のもの（あく）をすくい取ることを「あくを取る」という。

味がなじむ
調味料を加えて、全体にその味がいきわたった状態のこと。

味をととのえる
仕上げの段階で味をみて、足りないものを補い、ちょうどよい味加減にすること。塩やしょうゆ、こしょうなどを少量加えて調節する。

油をきる
揚げもので油から素材を引き上げたとき、素材についている余分な油を落とすこと。網の上に置くことが多く、からりと軽く仕上がる。

粗熱《あらねつ》を取る
加熱した材料や料理を、手で触れられるくらいまで冷ますこと。そのまま放置して自然に冷めるのを待つほか、急ぐときは氷水を入れたボウルを当ててもよい。

石づき
きのこの軸の根元にある堅い部分のこと。堅くて食べられないので、切り落とす。

裏ごし
ゆでた素材を裏ごし器にかけて、きめ細かくすること。または液状のものをざるに通して、よりなめらかにすること。じゃがいもは冷めると堅くなって裏ごししにくいので、熱いうちに行うのがコツ。

落とし蓋
素材のすぐ上にかぶせる蓋のこと。煮汁が蓋にあたり対流し、少ない煮汁でむらなく煮含められる。木製やシリコン製の既製品もあるが、アルミ箔やオーブンシートを鍋の直径よりひとまわり小さく切って穴を開けて使うといい。

【か】

香りが立つ
フライパンに油を熱し、炒めた香味野菜や香辛料、調味料から、よい香りがしてくること。どの程度炒めたらいいかの目安にもなる。

かぶるくらいの水
鍋に材料を平らに入れ、水を加えたときに、材料全部がぎりぎりでつかっている量の水。

皮目
鶏肉の皮がついた部分、面のこと。「皮目から焼く」とは、皮がついた側から焼くこと。

【さ】

塩をする
素材に塩をふったり、料理中に加えたりすること。

下味をつける
材料にあらかじめ味をつけておくこと。香辛料をふったり、合わせ調味料につけて、薄く味をつけたりすること。

下ゆで
調味する前の下ごしらえとして、材料をさっとゆでること。あくを抜いたり、味がしみやすくなる。

霜降りにする
肉を湯にくぐらせて、さっと熱を通すこと。たんぱく質が変性して、白く霜が降りたようになることから、こう呼ぶ。素材や目的に応じて湯の温度は熱湯や80℃に変える。

基本の切り方

棒切り・細切り
野菜や肉など5～6㎝長さに切り、5㎜角に切る。

いちょう切り
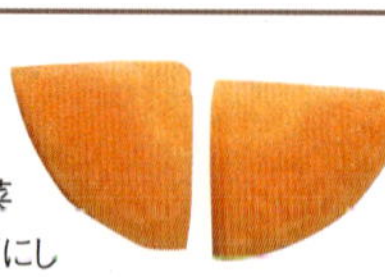
にんじんなど丸みのある野菜を、縦半分に切り、切り口を下にしてさらに縦半分に切って端から一定の厚さに切る。いちょうの葉の形に似ているのが名の由来。

輪切り

球形や円筒形の野菜を横にして、端から輪に切る。厚さは料理に合わせる。

拍子木切り

野菜を5～6㎝長さに切り、約1㎝角に切る。拍子木の形に似ているので、この名で呼ばれる。

せん切り

野菜を4～5㎝長さの薄切りにするか、薄い輪切りにし、重ねて端から細く切る。繊維に沿って切れば、シャキシャキに、断ち切ると柔らかくなる。

半月切り

丸みのあるものを、縦半分に切ってその切り口を下にして端から薄く切る。名の通りの半月形。

常温に戻す
常温は室内に置いた食品の自然の温度で、おおむね15～25℃。「戻す」とは冷蔵庫で冷えている肉やバターなどを調理前に出し、そこまで温度を上げておくことをいう。戻す時間は食材の種類や大きさによる。

筋を切る　筋切りをする
焼き縮んで焼きむらになるのを防ぐため、赤身と脂身の境目にある筋4～5か所に切り目を入れること。

【た】

たっぷりの水
材料を鍋に入れ、水を加えたときに材料が完全に浸る水の量。

照りを出す
しょうゆや砂糖などを使った甘辛い煮汁で煮からめて、ときには水溶き片栗粉を入れて、材料の表面がつやつやと照った状態にすること。

とろみをつける
とろりとした状態にすること。片栗粉を水で溶いて、煮汁に加えることが多い。

【な】

鍋肌
鍋の内側の側面のこと。「鍋肌から入れる」とは、鍋の内側に沿って液体調味料や油などを回し入れること。

煮からめる
水気をとばして、煮汁を材料の表面を覆うようにからめること。

煮きる
酒やみりんのアルコール分を、加熱して蒸発させること。煮きったものを「煮きり酒」「煮きりみりん」という。

煮詰める
材料を煮て、煮汁がほとんどなくなるまで煮続けること。また、煮汁やたれの水分を蒸発させ、味を濃厚にすること。

二度揚げ
材料を2回揚げること。1度目は低温から中温で揚げて、いったん取り出し、少しおいてから油の温度を中温から高温に上げて再度揚げると、中まで火が通り、表面はからりと揚がる。

熱湯にくぐらせる
沸騰した湯に材料を入れ、すぐに引き上げること。「熱湯に通す」ともいう。

【は】

火加減
調理に合わせて、火の強さを調節すること。加熱中、火を強くしたり弱くしたりすることと。弱火は炎の先端が火元と鍋底の中間くらいの火。中火は鍋底に当たるくらいの火。強火は鍋底全体に当たるくらいの火をいう。

ひたひたの水
鍋に材料を平らに入れ、水を加えたとき、材料の頭が出るか出ないかぐらいの水の量。

ひと煮立ちさせる
煮汁が沸騰してから、ほんの少し煮て火を止める。

ふつふつ煮る
湯の表面に小さな泡が立ち、煮立ち始めて、材料がゆらゆらと動いているような状態。

【ま】

まぶす
粉や細かいものを、全体にむらなくつけること。とくに揚げものは薄力粉や片栗粉を、薄く均一につけると仕上がりが美しい。刷毛を使い、余分な粉はよくはたくのがコツ。

水気をきる
素材についている余分な水分を取ること。水につけた材料をざるに上げたり、肉からしみ出た水分をペーパータオルで拭き取ったりする。

水溶き片栗粉
水で片栗粉を溶いたもの。煮汁に粉を加えてとろみをつけるとき、そのままではだまになるので、あらかじめ水で溶いてから加える。

水にさらす
切った素材をたっぷりの水をはったボウルに入れること。あくを抜いたり、水分を吸わせて、パリッとさせるのが目的。

蒸し焼き
素材に酒やワインを入れて蓋をし、その蒸気で火を入れること。最初に材料の表面を焼いて香ばしさを出した後、中まで火を通すために行う。

【や】

薬味《やくみ》
料理の味を引き立てるために添える、香味野菜や香辛料のこと。

ゆがく
ゆでること。沸騰した湯に材料を入れ、あくを抜いたり柔らかくするために、さっと火を通すこと。

湯通しする
沸騰した湯の中に材料を入れ、さっとゆでてすぐに引き上げること。熱湯を回しかけることもいう。

余熱
素材を加熱したあとも、まだ残っている熱のこと。これを利用すると肉の中心に穏やかに火が入っていく。

乱切り
野菜を横にして、斜めに切り落としたら少し回転させ、再び斜めに切る。断面の表面積が大きく、味がしみやすい。

さいの目切り・角切り
野菜を5～6㎝長さに切り、縦に約1㎝厚さに切る。横にして同じように切り、端から1㎝角の立方体に切る。さいの目とはサイコロのこと。

みじん切り
野菜を細かく刻むこと。せん切りにし、端から1～2㎜角に刻む。

小口切り
ねぎのように細長いものの端を小口といい、それを端から薄く刻む。

短冊切り
長さ3～4㎝、厚さ1㎝に切り、端から厚さ1～2㎜に切る。

粗みじん切り
みじん切りよりもやや大きめに刻む。3～4㎜角が目安。

本当においしく作れる 人気シェフの肉料理

シェフ別・料理インデックス

お料理のジャンルで選べるインデックスです。人気おかずが勢揃いのラインナップから、肉の種類でなく「今日は和食が食べたい」「今夜はカレーを作りたい」「あのシェフの味で作りたい」と思ったとき、該当するページをめくってみてください。

和食の肉料理● 野崎洋光シェフ

●野﨑さんの味が楽しめるお店

分《わけ》とく山

都心にありながら、一歩中に入ると緑に囲まれた一軒家の佇まい。隈研吾氏設計のモダンな建物で、木を基調とした落ち着いた空間が迎えてくれる。料理はコースのみで1万5750円。営業時間は17～21時（L.O.）。離れの個室あり。ほかに、ホテルインターコンチネンタル東京ベイや飯倉片町、伊勢丹新宿店などにも支店がある。

東京都港区南麻布5-1-5
☎03-5789-3838　日曜定休

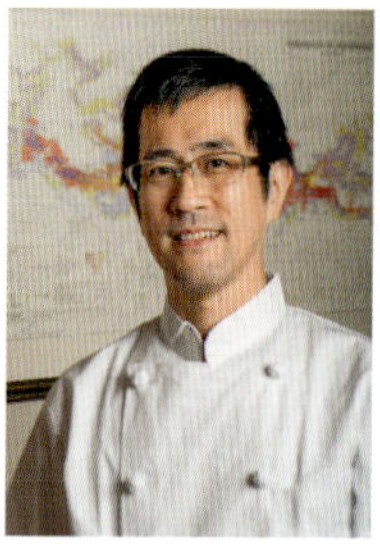

洋

洋食の肉料理● 七條清孝シェフ

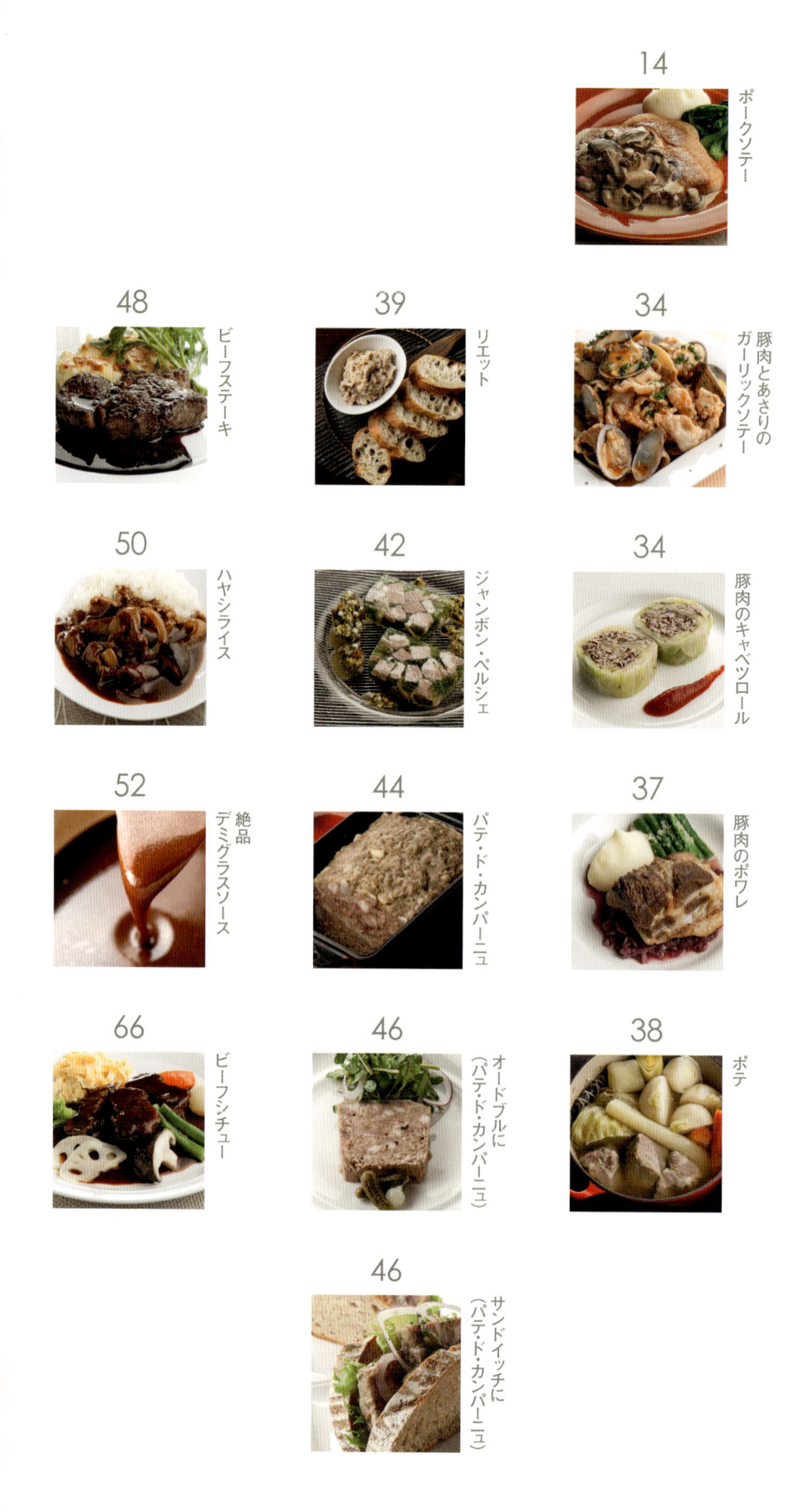

68

牛すね肉のビール煮

130

ロールキャベツ

138

感動のコンソメスープ

76

ビーフカレー

108

鶏ささ身のサラダ
カレー風味

136

メンチカツ

139

うにのコンソメジュレ
（コンソメスープ）

84

鶏もも肉の
パン粉焼き

108

チキンソテーの
サラダ仕立て

88

鶏もも肉の
バスク風煮込み

118

ハンバーグステーキ

100

鶏もも肉のコンフィ

●七條さんの味が楽しめるお店

レストラン七條

洋食屋さんにして本格フレンチが食べられる。ランチタイムの「ミックスフライ」や「ビーフカレー」は名物で行列が絶えず、神保町の隠れた名店といわしめた。2013年3月に移転し、現在は内神田に新店舗を開店。隠れ家的な落ち着いた空間に。昼は洋食メニューが中心、夜はフレンチのアラカルトメニューが豊富。営業時間は昼が11時30分～14時（L.O.）、夜は18時～20時30分（L.O.）。土曜は昼のみ営業。

東京都千代田区内神田1-15-7
AUSPICE内神田1F
☎03-5577-6184　日曜・祝日定休

水島弘史シェフの実験教室

115

チキンソテー

116

ミートソース

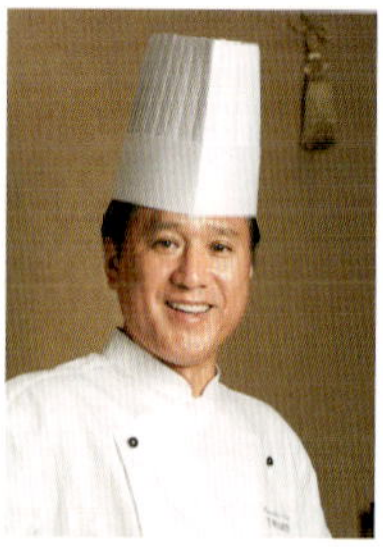

中国の肉料理●脇屋友詞シェフ

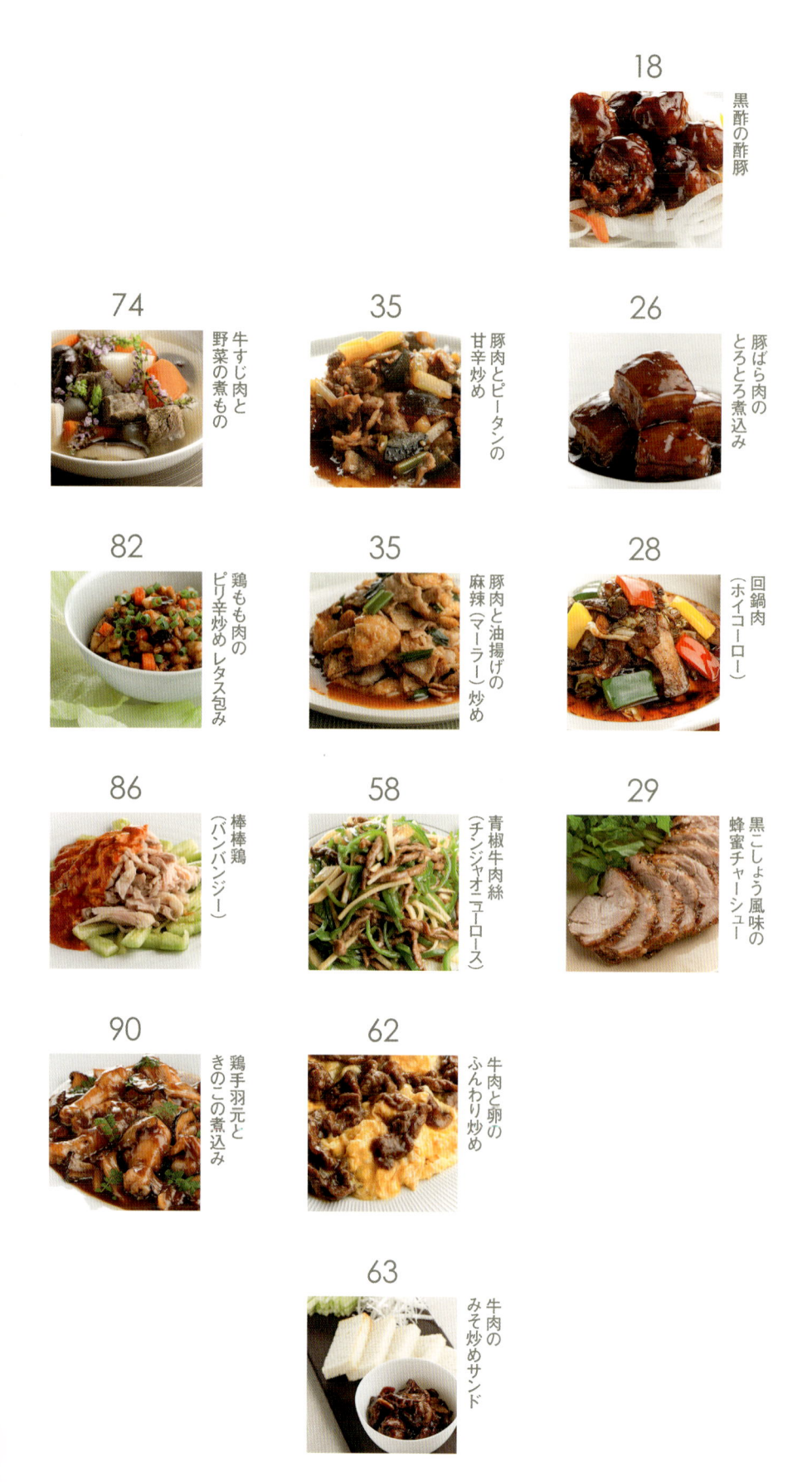

91

丸ごと一羽のしょうゆ鶏

92

鶏手羽の炊き込みご飯

98

油淋鶏（ユーリンジー）

103

鶏肉の香味焼き

104

香味鶏ハム

105

鶏手羽と里いもの煮もの

109

塩麹鶏のピリ辛和え

109

塩麹鶏と野菜の和えもの

120

スープ入り餃子

122

肉団子の黒酢あん

126

麻婆豆腐

129

ジャージャン麺（万能肉みそ）

132

しいたけともち米の焼売

134

豚ひき肉と卵の香り蒸し

141

酸辣湯（サンラータン）（すっきり中華スープ）

●脇屋さんの味が楽しめるお店

トゥーランドット 臥《が》龍居《りゅうきょ》

都心の真ん中に、大人の隠れ家のような落ち着いた空間で、ホール、サロン、バンケットルームとさまざまに趣向が凝らされている。少人数からパーティまで多目的に利用することができる。営業時間は月曜日が11時～22時30分（L.O.）、火～金曜日が8時～24時（L.O.）、土・日、祝日は9時～22時30分（L.O.）。ほかに赤坂には「Wakiya一笑美茶樓」など、横浜には「トゥーランドット游仙境」がある。

東京都港区赤坂6-16-10　Y's CROSS ROAD 1～2F
☎03-3568-7190

1953年福島県生まれ。「分とく山」「分とく山飯倉片町」など5店舗を総料理長として統括。プロの味、店の味を追求する傍ら「家庭でもっと和の料理を」と、家庭向きのシンプルで合理的な調理法を紹介する。本書では今まで常識とされてきた肉料理の調理法を覆す、低温調理をわかりやすく紹介。

野﨑洋光
(のざき・ひろみつ)

1961年東京都生まれ。父が始めた「レストラン七條」を継ぎ、四ツ谷のフレンチ「北島亭」で料理を学びながら、神保町の隠れた名店といわしめ、現在は内神田に新店舗を開店。本書では定番肉料理から豚肉加工品「シャルキュトリー」まで幅広いレシピを紹介。家庭で店の味が再現できるようていねいに試作を重ねてくれた。

七條清孝
(しちじょう・きよたか)

1958年北海道生まれ。赤坂「山王飯店」をはじめ有名ホテルを経て「トゥーランドット游仙境」総料理長に。現在赤坂、横浜など計4店舗のオーナーシェフ。上海料理をベースとした洗練された中国料理で新風を巻き起こす。紹介するレシピはおいしいだけでなく、美しい盛りつけにも定評があり、料理教室の人気も高い。

脇屋友詞
(わきや・ゆうじ)

撮影　　高橋栄一
アートディレクション　山川香愛
デザイン　原 真一朗　古川 徹(山川図案室)
構成・文　井伊左千穂
スタイリング　岡田万喜代
校正　小野田清美
編集　阿部聖子

協力
Verre(ヴェール)
東京都渋谷区恵比寿南3-3-12　☎03-5721-8013
宙(そら)
東京都目黒区碑文谷5-5-6　☎03-3791-4334
チェリーテラス・代官山
東京都渋谷区猿楽町29-9　ヒルサイドテラスD棟1F
☎03-3770-8728
トミタテキスタイル
東京都品川区東五反田5-25-19
東京デザインセンター6F-A・B　☎03-6408-5740
ル・クルーゼ カスタマーダイヤル
東京都港区麻布台2-2-9　☎03-3585-0198

きちんと定番COOKING
本当においしく作れる
人気シェフの肉料理

発行日　2013年2月15日　初版第1刷発行
　　　　2015年4月5日　　第4刷発行

著　者　野﨑洋光　七條清孝　脇屋友詞
発行者　駒田浩一
発　行　株式会社世界文化社
〒102-8187
東京都千代田区九段北4-2-29
電話　03-3262-5117(編集部)
　　　03-3262-5115(販売部)

印刷・製本　共同印刷株式会社

ISBN 978-4-418-13304-8